व्यावहारिक अनुवाद

सह प्रकाशक–प्रकाशन विभाग,
महात्मा गाँधी विश्वविद्यालय, कोट्टयम, केरल

व्यावहारिक अनुवाद

सम्पादक
डॉ. पूर्णिमा आर.
सहायक प्रोफेसर और विभागाध्यक्ष,
एस.एस.वी. कॉलेज, पेरुम्बावूर, केरल

वाणी प्रकाशन

वाणी प्रकाशन

4695, 21-ए, दरियागंज, नयी दिल्ली 110 002

शाखा

अशोक राजपथ, पटना 800 004

फ़ोन : +91 11 23273167 फ़ैक्स : +91 11 23275710

www.vaniprakashan.in
vaniprakashan@gmail.com
sales@vaniprakashan.in

VYAVHARIK ANUWAD
Edited by Dr. Poornima R.

ISBN : 978-93-87889-84-2

प्रथम संस्करण

मूल्य : ₹ 45

सिटी प्रेस, दिल्ली-110 095 में मुद्रित

वाणी प्रकाशन का लोगो मक़बूल फ़िदा हुसेन की कूची से

अनुक्रम

अनुवाद

अनुवाद : परिभाषा

अनुवाद : अनुवाद शब्द संस्कृत की वद् धातु में घञ् प्रत्यय तथा 'अनु' उपसर्ग लगाने से बना है। वद् धातु का अर्थ है—बोलना या कहना। अनु का अर्थ है—बाद का। अतः अनुवाद का अर्थ है—कही गयी बात को फिर से दूसरी भाषा में कहना या लिखना। 'शब्दार्थ चिन्तामणि कोश' में अनुवाद की व्याख्या करते हुए यह कहा गया है—'प्राप्तस्य पुनः कथते' अथवा 'ज्ञातार्थस्य प्रतिपादने' यानी पहले कहे गये अर्थ को पुनः कहना।

अंग्रेज़ी में अनुवाद के लिए ट्रांसलेशन (Translation) शब्द का प्रयोग होता है। यह शब्द लैटिन के ट्रांसलेटम (Translatum) शब्द से आयातित है। इसमें ट्रांस (Trans) का अर्थ है—पार या दूसरी ओर तथा लक्टम (Lactum) का अर्थ है—ले जाना—इन दो शब्दों के मेल से बना है जिसका अर्थ होता है—एक भाषा के पार दूसरी भाषा में ले जाना। अंग्रेज़ी शब्दकोश में भी ट्रांसलेशन शब्द का यही अर्थ मिलता है। 'वेब्स्टर्स डिक्शनरी' में ट्रांसलेट तथा ट्रांसलेशन शब्द का क्रमशः अर्थ दिया गया है—ट्रांसलेट अर्थात एक भाषा से दूसरी भाषा में बदलना और ट्रांसलेशन का अर्थ है—विशेष रूप से किसी साहित्यिक रचना का दूसरी भाषा में बदलने का परिणाम।

'अनुवाद' को कई विद्वानों ने अपने-अपने ढंग से परिभाषित करने का प्रयास किया है। ए.एच. स्मिथ ने इसे परिभाषित करते हुए लिखा है—"अर्थ को बनाये रखते हुए अन्य भाषा में अन्तरण करना ही अनुवाद है।" डी. स्टर्ट ने अनुवाद की भाषावैज्ञानिक परिभाषा देते हुए यह लिखा है—"अनुवाद प्रायोगिक भाषा विज्ञान की वह शाखा है जिसका सम्बन्ध प्रतीकों के एक सुनिश्चित समुच्चय से दूसरे समुच्चय के अर्थ के अन्तरण से है।" डॉ. जी. गोपीनाथन ने शॉपन डॉवर से संकेत लेकर 'अनुवाद की प्रक्रिया की तुलना आत्मा के परकाय प्रवेश की

प्रक्रिया' से की है। नायडा और टेलर की मान्यता है कि–"मूल भाषा के सन्देश के समतुल्य सन्देश को लक्ष्य भाषा में प्रस्तुत करने की क्रिया को अनुवाद कहते हैं। सन्देशों की समतुल्यता पहले अर्थ और फिर शैली की दृष्टि से निकटतम एवं स्वाभाविक होती है।"

उपर्युक्त परिभाषाओं के अध्ययन से यह पता चलता है कि अनुवाद की कोई सर्वसम्मत निश्चित परिभाषा नहीं दी जा सकती है। विभिन्न विद्वानों ने मात्र 'अनुवाद' को अपने-अपने ढंग से व्याख्यायित कर दिया है। इसका मुख्य कारण है कि अनुवाद के सन्दर्भ में शब्द की स्वतन्त्र सत्ता प्रायः समाप्त हो जाती है। वह एक सन्दर्भ विशेष का साधक बन जाता है। इसलिए यदि हम इसे परिभाषित करना चाहें तो कह सकते हैं कि अनुवाद स्रोत भाषा (मूल भाषा) में अभिव्यक्त विचारों को यथासम्भव मूल भावना के समानान्तर बोध एवं सम्प्रेषण के धरातल पर लक्ष्य भाषा (जिसमें अनुवाद किया जाये) में अभिव्यक्त करने की एक प्रक्रिया है।

अनुवाद की विशेषताएँ

एक सहज और सफल अनुवाद की सामान्य विशेषताएँ निम्नलिखित हैं :

1. एकार्थता : उसमें अर्थगत एकान्त एकता अनिवार्य है अर्थात् जो बात कही गयी हो उसके अनुवाद में अर्थभिन्नता नहीं होनी चाहिए।

2. अर्थगत असंदिग्धता : अनुवाद को पूर्णतया निश्चयात्मक अर्थ प्रदान करने वाला होना चाहिए। यदि किये गये अनुवाद से उसका अर्थ स्पष्ट नहीं होगा तो वह संदिग्ध रह जायेगा।

3. मूल भाषा की रक्षा : मूल भाषा के कथ्य एवं कथन का लक्ष्य भाषा में अधिकतम निर्वाह अपेक्षित है। मूल भाषा की रक्षा के बिना सफल अनुवाद असम्भव है।

4. कृत्रिम जटिलता एवं दुरूहता का अभाव : अनुवाद में शब्दों के कृत्रिम प्रयोग से भाषा जटिल एवं दुरूह बन जाती है और तब मूल भाव का नाश हो जाता है। इसलिए अनुवाद को कृत्रिम जटिलता एवं दुरूहता से सर्वथा मुक्त होना चाहिए।

5. व्याकरणिक शुद्धता : अनुवाद की भाषा व्याकरणसम्मत होनी चाहिए। इसके लिए यह आवश्यक है कि अनुवादक अध्ययनशील तथा स्रोत भाषा और लक्ष्य भाषा के विभिन्न बोध स्तरों एवं सम्प्रेषण-कला दोनों से अच्छी तरह परिचित हो।

6. समतुल्यता : वस्तुतः अनुवाद एक द्विभाषिक प्रक्रिया है। विभिन्न भाषाओं

की प्रकृति और प्रवृत्ति एक-दूसरे से भिन्न होती है; अतएव अनुवाद की सफलता एवं सार्थकता के लिए उन दोनों भाषाओं के बीच विभिन्न स्तरों पर समतुल्यता आवश्यक है। इसी कारण दोनों भाषाओं-स्रोत भाषा (Source Language) तथा लक्ष्य भाषा (Target Language) का तुलनात्मक अध्ययन आवश्यक है।

अनुवाद के प्रकार

डॉ. जी. गोपीनाथन ने विषय-वस्तु एवं प्रकृति के आधार पर अनुवाद का वर्गीकरण करते हुए उसके दो आधार बतलाए हैं:

1. साहित्यिक अनुवाद : इसके अन्तर्गत जीवनी, निबन्ध, आलोचना आदि के अनुवाद का समावेश होता है।

2. साहित्येतर अनुवाद : इसके अन्तर्गत भाषा वैज्ञानिक, तकनीकी, वाणिज्यिकी, समाजशास्त्री, संचार माध्यमों, कानूनी तथा प्रशासनिक अनुवाद आते हैं।

अनुवाद क़ी प्रकृति के आधार पर अनुवादों को दो वर्गों में बाँटा जा सकता है—1. बाह्य आधार और 2. आन्तरिक आधार।

1. बाह्य आधार : इसके अन्तर्गत अनुवादों को तीन उपवर्गों में विभाजित किया जा सकता है :

(क) गद्य-पद्य अनुवाद : गद्य और पद्य साहित्य की दो अलग-अलग विधाएँ हैं और इसीलिए यह आवश्यक भी होता है कि उनके अनुवाद भी उसी विधा में हों अर्थात् गद्य रचना का अनुवाद गद्य में और पद्य रचना का अनुवाद पद्य में ही होना चाहिए, परन्तु यह कोई अनिवार्य शर्त नहीं है क्योंकि गद्य का अनुवाद भी पद्य रचना में तथा पद्य रचना का अनुवाद भी गद्य में हो सकता है। ऐसे पद्यानुवाद को छन्दबद्ध अथवा छन्दानुवाद कहा जाता है। ऐसा इसलिए होता है कि अनुवादक जब छन्द के अनुशासन को अस्वीकार कर देता है तब वह मुक्त छन्द में अनुवाद करता है। चूँकि मुक्त छन्द को भी अब छन्द का एक प्रकार मान लिया गया है इसलिए छन्दानुकरण को अनुवाद का कोई अलग स्वतन्त्र प्रकार मानना उचित नहीं है।

(ख) साहित्य विधा अथवा शैली प्रधान साहित्य का अनुवाद : साहित्य के अन्तर्गत कई विधाओं में रचनाएँ होती हैं, जैसे—कहानी, उपन्यास, नाटक, निबन्ध, संस्मरण, आलोचना आदि। इन विधाओं के प्रायः एक भाषा से दूसरी भाषा में अनुवाद किये जाते हैं। लेकिन सूचना प्रधान साहित्य की तुलना में सृजनात्मक साहित्य का अनुवाद एक कठिन एवं श्रमसाध्य कार्य है। ऐसा इसलिए होता है कि जहाँ सूचना साहित्य का अनुवाद सपाट तरीके से पारिभाषिक कोशों, शब्दकोशों

आदि की सहायता से सरल ढंग से सम्भव है, वहाँ ललित साहित्य के अनुवाद में कई कठिनाइयों का सामना करना पड़ता है। उसमें प्रायः अनुवादक को मूल रचना के अन्तर्गत निहित भावों, भाषाओं और भंगिमाओं की अर्थछवियों की रक्षा करना अनिवार्य हो जाता है। इसलिए अनुवादक के लिए यह आवश्यक हो जाता है कि किसी भी रम्य रचना के अनुवाद में वह उसके अन्तर्निहित भावों, विचारों और भाषाओं से सुपरिचित तो हो ही, उसके अन्दर निहित अर्थछवियों को ठीक से पहचानने की क्षमता भी रखे।

(ग) साहित्येतर विषय का अनुवाद : इसके अन्तर्गत सूचना प्रधान साहित्य अथवा कार्यालयीय साहित्य का अनुवाद आता है। इस वर्ग के अनुवाद में प्रायः शैली तत्त्व पर विचार गौण हो जाता है। इसमें अनुवादक को सिर्फ कथ्य की विशिष्टता पर ध्यान देना होता है। इस वर्ग के अन्तर्गत भौतिकी, रसायनशास्त्र, जीवविज्ञान, गणित तथा विधि साहित्य का अनुवाद आता है। इसके अन्तर्गत प्रायः सरकारी कार्यालयीय साहित्य, प्रशासनिक पत्राचार आदि आते हैं। इन साहित्यों के अनुवाद में प्रायः शैली तत्त्व की प्रमुखता पर विशेष ध्यान न देकर कथ्य पर ध्यान केन्द्रित करने की आवश्यकता होती है।

2. आन्तरिक आधार : इसे दो वर्गों में बाँटा जा सकता है–(क) मूलनिष्ठ और (ख) मूलाश्रित।

(क) मूलनिष्ठ अनुवाद : जिसमें अनुवादक मूल भाषा के कथ्य और कथन पद्धति दोनों का निर्वाह करता हो। मूल रचना में अभिव्यक्त विचारों एवं भावों को जब कोई अनुवादक अभिव्यक्ति के धरातल पर अपने अनुवाद को मूल रचना के समक्ष रखने का प्रयास करता है तो उसे मूलनिष्ठ अनुवाद कहा जाता है। इसके लिए अनुवादक को दो पद्धतियों का सहारा लेना पड़ता है–1. शब्दानुवाद और 2. सहजानुवाद।

1. शब्दानुवाद (Literal translation) : जब किसी भी अनुवाद में अनुवादक का ध्यान मूल रचना के प्रत्येक शब्द पर केन्द्रित होता है तो उसे शब्दानुवाद कहा जाता है। इसके तीन उपभेद होते हैं:

(अ) शब्दक्रमाग्रही : इस प्रकार के अनुवाद में अनुवादक मूल सामग्री की हर शब्दाभिव्यक्ति का सामान्य रूप से उसी क्रम में अनुवाद करता है जिस क्रम में सामग्री दी जाती है; जैसे:

मूल वाक्य–I am going home.

अनुवाद–मैं हूँ जा रहा घर।

इसमें अंग्रेज़ी वाक्य का जब कोई अनुवादक शब्दक्रम से अनुवाद प्रस्तुत

करता है तो वह हिन्दी के वाक्य-विन्यास का प्रायः अतिक्रमण कर जाता है, और तब ऐसा अनुवाद न तो सर्वग्राही हो सकता है और न ही सर्वमान्य। इस प्रकार का अनुवाद भाषिक संरचना की दृष्टि से हास्यास्पद हो जायेगा।

(ब) शब्दाग्रही : इस प्रकार के अनुवाद में अनुवादक मूल के शब्दक्रम के प्रति प्रायः आग्रह तो नहीं रखता, परन्तु मूल रचना के प्रत्येक शब्द का अनुवाद करने के लिए तत्पर अवश्य रहता है। इस अनुवाद में मूल के प्रत्येक शब्द के अनुवाद के प्रति आग्रह होने के कारण स्रोत भाषा की अदृश्य छाया लक्ष्य भाषा की अभिव्यक्ति को काफी प्रभावित करती है। जैसे:

मूल वाक्य–Thanks for the Pain, you have taken.

अनुवादक–कष्ट उठाने के लिए आपको धन्यवाद।

यहाँ पर उठाना शब्द 'taken' का अनुवाद है, जबकि हिन्दी में इसका अनुवाद होना चाहिए था–कष्ट करने के लिए आपको धन्यवाद।

या

कष्ट के लिए आपको धन्यवाद।

(स) सम्यकाग्रही : इसमें अनुवादक मूल रचना का कथ्य एवं कथन दोनों दृष्टियों से सम्यक् अनुवाद करने का प्रयास करता है। इस प्रकार के अनुवाद में अनुवादक न तो अपनी ओर से मूल अभिव्यक्त वाक्य में कुछ जोड़ता है और न ही कुछ घटाता है। पर इस शब्दानुवाद की अपनी कुछ सीमाएँ होती हैं–

1. शब्दानुवाद की सफलता स्रोत एवं लक्ष्य भाषा के अभिव्यक्ति-सामर्थ्य की समानान्तरता पर आधारित है। अगर दोनों भाषाओं में समान अभिव्यक्तियाँ होती हों तभी शब्दानुवाद सफल होता है अन्यथा मूल रचना की तुलना में अनुवादित अंश कमजोर हो जाता है और इसके कारण किया गया अनुवाद प्रभावहीन हो जायेगा।

2. शब्दानुवाद में अनुवादक मूल भाषा के प्रभाव से अपने आपको मुक्त नहीं रख पाता है। मूल भाषा की अदृश्य छाया की उपस्थिति के कारण लक्ष्य भाषा की अभिव्यक्ति का सौन्दर्य प्रायः सहज नहीं रह पाता है।

3. केवल कोशगत अर्थ के आधार पर शब्दानुवाद करने से भी कभी-कभी मूल का अर्थ ही भ्रामक हो जाता है। जैसे:

मूल वाक्य–Cheque has been passed.

अनुवादक–चेक उत्तीर्ण हो गया।

इस वाक्य में अनुवादक ने 'passed' शब्द का कोशगत अर्थ 'उत्तीर्ण' का प्रयोग कर दिया है जिसके कारण अनुवाद सहज न रहकर हास्यास्पद हो गया है।

2. सहजानुवाद : इसे आदर्श अनुवाद भी कहा जाता है। इसमें अनुवादक

स्रोत भाषा से लक्ष्य भाषा में अर्थ के आधार पर शब्दों की निकटतम सहजता प्राप्त कर अनुवाद करता है। इसके लिए अनुवादक किसी आग्रह-दुराग्रह से अपने को मुक्त रखते हुए केवल मूल का अनुवाद इस तरह से करता है कि उसकी संवेदना तथा सम्प्रेषण की क्षमता ज्यों-की-त्यों वर्तमान रहे। इसमें अनुवादक की भूमिका मात्र उस पारदर्शी शीशे के समान होती है जिसके आर-पार वस्तु का रूप मूल के सदृश ही दिखलाई पड़े। इसीलिए डॉ. भोलानाथ तिवारी ने इसकी विवेचना करते हुए कहा है—"आदर्श अनुवादक सिरिंज की वह सूई है, जो सिरिंज की दवा को ज्यों-की-त्यों मरीज के शरीर में पहुँचा देती है।"

(ख) मूलाश्रित : इस प्रकार के अनुवाद में अनुवादक को मूल भाषा के ऊपर विशेष रूप से आग्रही होना पड़ता है। यह मूल पर आश्रित होता है। इसमें अनुवादक को मूल भाषा के सम्पूर्ण भाव उसके सम्पूर्ण कलात्मक सौन्दर्य पर आश्रित होना आवश्यक है। पर, यह कोई आवश्यक नहीं कि अनुवादक स्रोत भाषा की भाषा-शैली अपने को पूर्णरूप से आबद्ध कर ले। वह सिर्फ मूल के भाव की रक्षा करता है, भाषा की नहीं। इसके निम्नलिखित उपभेद किये जा सकते हैं:

1. **भावानुवाद (Faithful translation) :** इसमें मूल रचना की आत्मा को लक्ष्य भाषा में सम्पूर्णतया अभिव्यक्त करने के लिए अनुवादक को प्रयत्न करना पड़ता है। इस अनुवाद में अनुवादक मूल भाषा की सम्पूर्ण चेतना, सम्पूर्ण ज्ञान और सम्पूर्ण साहित्य की आत्मा को सुरक्षित रखते हुए उसे जस का तस लक्ष्य भाषा में प्रस्तुत करने का प्रयास करता है। इस कार्य के लिए वह भाषा के अर्थ-संकेत तथा कला-सौन्दर्य की बारीकियों में न उलझकर सिर्फ मूल सामग्री के कथ्य के अनुवाद की सम्पूर्णता एवं सहजता के लिए गतिशील होता है।

2. **छायानुवाद :** जब किसी रचना का शब्दानुवाद अथवा भावानुवाद न कर रचना में मात्र कुछ परिवर्तन कर अन्य भाषा में प्रस्तुत किया जाता है तब ऐसे अनुवाद को छायानुवाद कहा जाता है। इसमें लेखक मूल रचना की छाया ग्रहण कर स्वतन्त्र भाव से उसी रचना को जब पुनः लिखता है तब उसे छायानुवाद कहा जाता है।

3. **सारानुवाद :** जब किसी लम्बे वक्तव्य अथवा रचना को उसके सारतत्व को पूर्णतया सुरक्षित रखते हुए किसी कारण से संक्षिप्त किया जाता है तब ऐसे अनुवाद को सारानुवाद कहा जाता है अर्थात् इसमें मूल रचना के सारतत्व का ही मात्र अनुवाद किया जाता है।

4. **व्याख्यानुवाद :** जब कोई अनुवादक किसी कृति का अनुवाद करते समय केवल मूल का अनुवाद न कर अपनी ओर से उसकी व्याख्या भी प्रस्तुत करता

है तो वैसे अनुवाद को व्याख्यानुवाद कहा जाता है। लोकमान्य तिलक का 'गीता रहस्य' इसी प्रकार के अनुवाद का उदाहरण है।

5. वार्तानुवाद अथवा आशु अनुवाद : जब दो विभिन्न भाषा-भाषियों के बीच कोई व्यक्ति भाषा माध्यम बनकर दुभाषिये का काम करता है और उन्हें उनकी अपनी-अपनी भाषाओं में एक-दूसरे की बात को अनुवाद के माध्यम से सम्प्रेषित करता है तो ऐसे अनुवाद को आशु या वार्तानुवाद कहा जाता है। इस तरह के अनुवाद में दुभाषिये (अनुवादक) को बड़ा ही कुशल एवं प्रवीण होना आवश्यक है अन्यथा अर्थ का अनर्थ हो जाने का खतरा पैदा हो सकता है।

प्रकृति कें आधार पर अनुवाद के प्रकार का वर्गीकरण

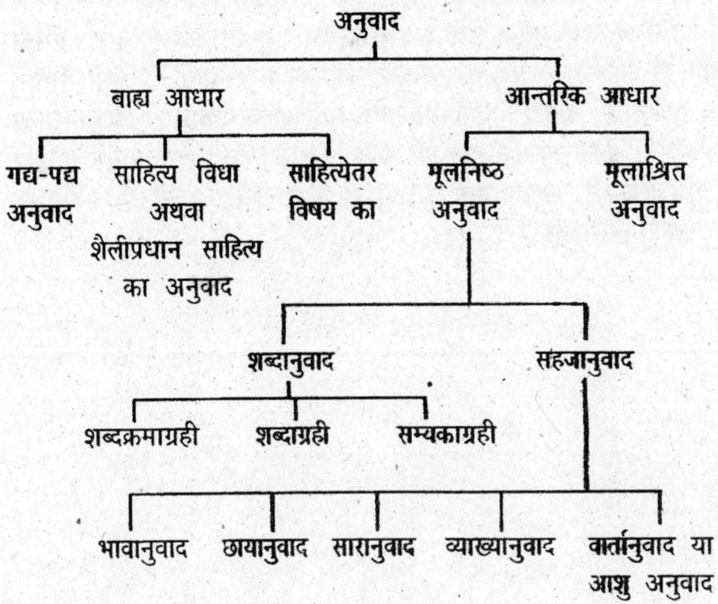

अनुवाद : समस्याएँ एवं समाधान

सर्वप्रथम जब अनुवाद की परिभाषा पर विचार करते हैं तो यह कहना पड़ता है कि एक भाषा में अभिव्यक्त विषयों, भावनाओं, विचारों और संवेदनाओं को जहाँ तक सम्भव हो उसी की प्रयुक्त भाषा-शैली में जब दूसरी भाषा में रूपान्तरित

किया जाता है तो उसे अनुवाद कहा जाता है। एक सफल अनुवादक कथ्य एवं कथन शैली दोनों दृष्टियों से स्रोत भाषा की सामग्री को लक्ष्य भाषा में प्रस्तुत करता है। लेकिन यह कार्य थोड़ा कठिन अवश्य है क्योंकि दो अलग-अलग भाषाओं की अपनी-अपनी स्वतन्त्र प्रकृति होती है। उनकी अपनी शब्द-सम्पदा, अपनी विशिष्ट भाषिक संरचना और प्रयोग होते हैं। उनकी शैली की अपनी विशिष्ट भंगिमा होती है। इसीलिए कहा गया है कि अनुवाद का कार्य स्लेट पर सीधी लकीर खींचने के बजाय पानी पर लकीर खींचने जैसा कठिन है। इसमें अनुवादक को अनुवादीय मर्यादाओं में रहकर मूल भाषा की सामग्री को लक्ष्य भाषा में इस प्रकर उतारना पड़ता है कि मूल की लक्ष्मण रेखा का अतिक्रमण न हो और उसका रूप भी सुरक्षित रहे।

अनुवाद की दृष्टि से शैली प्रधान साहित्य एवं सूचना प्रधान साहित्य में अन्तर होता है। सृजनात्मक अथवा शैली प्रधान साहित्य अनुभूति, कल्पना तथा विभिन्न शैलियों के आकर्षक रचाव की वेगवती नदी की तरह होता है जबकि सूचना प्रधान साहित्य की प्रकृति नियमों-उपनियमों, पारिभाषिक शब्दावली औपचारिकता से घिरे प्रायः संवेदनशून्य तालाब की भाँति होती है। अतः शैली प्रधान साहित्य और सूचना प्रधान साहित्य दोनों के अनुवाद की समस्याएँ एक-दूसरे से नितान्त भिन्न प्रकृति की होती हैं।

अनुवाद के क्षेत्र

अंग्रेज़ों के शिष्टाचार के विषय में कहा जाता है कि जब तक कोई किसी नये आदमी का परिचय हमसे नहीं कराता तब तक उससे बोलना अशिष्टता है। कहते हैं कि दो अपरिचित अंग्रेज़ आसपास घण्टों तक खड़े रहने पर भी एक-दूसरे से बात नहीं करते। यह हालत तब भी आ सकती है जब दो भिन्न भाषा-भाषी आपस में मिलते हैं। उनको मिलाने का काम कोई द्विभाषी (द्विभाषिया) ही कर सकता है। बातचीत के प्रसंग अनेक हो सकते हैं। जब आन्ध्र प्रदेश का कोई डॉक्टर केरल के अस्पताल में काम करता है तब उसे केरल के मरीजों की भाषा समझनी पड़ती है। उसे उनकी भाषा मलयालम का अर्थ समझना पड़ता है। अगर वह मलयालम नहीं जानता तो और किसी को मलयालम का अनुवाद तेलुगु में करना पड़ता है। इसी प्रकार जब केरल का व्यापारी कुछ चीज़ें खरीदने या बेचने के लिए दिल्ली के बाज़ार में पहुँचता है तब उसे हिन्दी के अनुवाद के माध्यम से ही अपना काम करना पड़ता है। आजकल रोटी कमाने के लिए लोगों को दूर-दूर अन्य भाषा-भाषी प्रदेशों में काम करना पड़ता है। उन्हें अनुवाद का सहारा रोज लेना पड़ता है।

वैसे भी, बातचीत में जब हम अपनी मातृभाषा से भिन्न भाषा में बोलते हैं, तब हम खुद अनजाने अनुवाद करते रहते हैं। हम पहले मातृभाषा में सोचते हैं, फिर उसे मन में ही अन्य भाषा में अनूदित करते हैं। यही अनूदित रूप हमारे मुँह से निकलता है। यही कारण है कि हम कोई भी अन्य भाषा बोलें, उस पर हमारी मातृभाषा का कुछ-न-कुछ प्रभाव नजर आता है। औसत भारतीय की अंग्रेज़ी भी इसका अपवाद नहीं है।

बातचीत के क्षेत्र के बाद पत्राचार का क्षेत्र अनुवाद माँगता है। पत्राचार व्यापार में, कार्यालय में, न्यायालय में सर्वत्र होता है। जहाँ पत्राचार अपने प्रदेश की भाषा में करने से काम चलता है वहाँ अनुवाद की जरूरत नहीं पड़ती। किन्तु एक ही प्रदेश में कई भाषाएँ बोलने वाले पीढ़ियों से रहते हैं। उनके लिए प्रादेशिक

भाषा भी परायी रहती है। जैसे—केरल में तमिल-भाषी और कन्नड़-भाषी काफी संख्या में हैं। उनके लिए केरल की प्रादेशिक भाषा मलयालम का पत्राचार अनुवाद को आवश्यक बना देता है। जो व्यापारी बड़ी कम्पनियों से माल मँगाते या उन्हें माल बेचते हैं, उन्हें उन कम्पनियों से पत्राचार कम्पनी की भाषा में करना पड़ता है। विदेशी कम्पनियाँ अपने देश की भाषा में पत्राचार करती हैं। ऐसी हालत में व्यापारियों को अंग्रेज़ी के अलावा जर्मन, जापानी आदि भाषाओं में भी लिखा-पढ़ी करनी पड़ती है। इसके लिए अनुवाद के सिवा कोई उपाय नहीं है।

न्यायालयों में अनुवाद अनिवार्य हो जाता है। इसके कई कारण हैं। न्यायालय के कर्मचारी, वकील और प्रार्थी लोग अदालत के अंग होते हैं। अदालतों की भाषा प्रायः अंग्रेज़ी होती है। इनमें मुकदमों के लिए आवश्यक कामकाज अक्सर प्रादेशिक भाषा में होते हैं, मगर पैरवी अंग्रेज़ी में होती है। इस माहौल में अंग्रेज़ी और प्रादेशिक भाषा का बारी-बारी से परस्पर अनुवाद किया जाता है। जब मुकदमा उच्चतम न्यायालय में पहुँचता है तब प्रादेशिक भाषा के सारे कागजात का अनुवाद अंग्रेज़ी में करना पड़ता है। अनुवाद में ही कई महीने और कई लोगों की मेहनत लगती है।

हमारे देश के अधिकांश कार्यालयों की भाषा अंग्रेज़ी है। मुश्किल से पंचायत व गाँवों के स्तर पर प्रादेशिक भाषा का व्यवहार किया जाता है। आम लोगों को अपनी अर्जियाँ तक अंग्रेज़ी में लिखनी पड़ती हैं। यहाँ से अनुवाद की प्रक्रिया शुरू होती है। पुलिस, मजिस्ट्रेट जैसे अधिकारियों के कार्यालयों में अनुवाद का जोर रहता है। रजिस्ट्रेशन जैसे विभागों में निचले स्तर पर प्रादेशिक भाषा काम देती है और ऊपरी स्तर पर अंग्रेज़ी। चर्चित विषय प्रान्त का रहता है। इसलिए अनुवाद का प्रसंग बराबर उठता है।

शिक्षा का क्षेत्र अनुवाद के बिना आगे नहीं बढ़ पाता। आधुनिक युग में विज्ञान, समाज-विज्ञान, अर्थशास्त्र, गणित आदि बीसियों विषय सीखे और सिखाये जाते हैं। इनके उत्तम ग्रन्थ अंग्रेज़ी ही नहीं, अन्य विदेशी भाषाओं में भी लिखे हुए हैं। उनका अनुवाद किये बिना ज्ञान की वृद्धि नहीं हो पाती। भारतीय भाषाओं को अध्ययन का माध्यम बनाने के बाद इसकी अनिवार्यता बढ़ी है। यह अनुवाद भारत में ही हो, सो बात नहीं। जिन अंग्रेज़ों या रूसियों को भारतीय साहित्य का ज्ञान पाना है, उन्हें भारतीय साहित्य का अनुवाद अंग्रेज़ी या रूसी में प्राप्त करना पड़ता है।

इस दृष्टि से सांस्कृतिक सम्बन्धों के लिए अनुवाद परम आवश्यक है। किसी भी देश की संस्कृति और कला का परिचय अन्य देश के निवासियों को उन्हीं

की भाषा में देना पड़ता है। यह सम्भव नहीं है कि प्रत्येक देशवासी पड़ोसी व दूर के देशों की भाषाएँ समझे। ऐसी समस्या को सुलझाने का उपाय अनुवाद ही है। सांस्कृतिक संघ अपने साथ अनुवादकों को लेकर चलते हैं। वे अनुवादकों द्वारा ग्रन्थों का अनुवाद कराके प्रकाशित करते हैं।

अन्तर्राष्ट्रीय स्तर पर विज्ञान एवं प्रौद्योगिकी (तकनालॉजी) आज सबसे अधिक अनुवाद माँगने वाले क्षेत्र हैं। इसके दो पहलू होते हैं। एक तो यह है कि विकासशील राष्ट्रों के वैज्ञानिक एवं प्रौद्योगिकी के आविष्कारों तथा नयी गतिविधियों की जानकारी पाने के लिए उतावले रहते हैं। उनका अन्य भाषा-ज्ञान बहुत सीमित होता है। वे तभी उपर्युक्त जानकारी पा सकते हैं जब उनकी जानी हुई भाषा में अन्य भाषाओं के ग्रन्थों का ज्ञान प्राप्त हो। अद्यतन युग में सारी विश्व-भाषाओं में प्राप्त वैज्ञानिक सामग्री का अनुवाद अंग्रेज़ी में किया जाता है। इसलिए अंग्रेज़ी का महत्व और भी बढ़ा है। मगर अब वह महत्त्व अन्तर्राष्ट्रीय स्तर पर कम हो रहा है। वैज्ञानिक अनुसन्धान में रूस के अग्रसर होने के कारण अब रूसी भाषा को भी समान महत्त्व दिया जाता है। अमेरिका व इंग्लैंड में रूसी ग्रन्थों का अनुवाद लोकप्रिय हो चला है।

विज्ञान एवं प्रौद्योगिकी के गहन अनुसन्धान के क्षेत्र में तो सारा लेखन कार्य उन्हीं भाषाओं में किया जाता है। इसीलिए इनके छात्र विदेशी भाषा सीखने को मजबूर होते हैं। वे विदेशी भाषा की सामग्री अपनी परिचित भाषा में अनूदित कर लेते हैं।

संचार के माध्यमों में अनुवाद का प्रयोग अनिवार्य होता है। इनमें मुख्य हैं समाचार-पत्र, रेडियो एवं दूरदर्शन। ये अत्यन्त लोकप्रिय हैं और हर भाषा-प्रदेश में इनका प्रचार बढ़ रहा है। प्रादेशिक भाषाओं के समाचार-पत्र समाचारों के लिए सरकारी सूचना, न्यूज एजेंसियों की दी हुई सामग्री, प्रादेशिक संवाददाताओं की डाक आदि पर निर्भर करते हैं। इनमें प्रादेशिक भाषाओं में सीमित सामग्री ही प्राप्त होती है। शेष सामग्री अन्य भाषा से अनूदित करनी पड़ती है। इस क्षेत्र में अंग्रेज़ी भी एक हद के बाद अधूरी रहती है। रायटर जैसी अन्तर्राष्ट्रीय न्यूज एजेन्सियाँ अन्य देशों की भाषाओं के छपे और प्रसारित समाचार आदि अनूदित कराके अपने ग्राहकों को पहुँचा देते हैं। सामान्य पाठक नहीं पहचानते कि इस बीच अनुवाद की प्रक्रिया कितनी मात्रा में चलती है।

रेडियो के क्षेत्र में भारत की आकाशवाणी का ही उदाहरण ले सकते हैं। आकाशवाणी भारत में प्रचलित सारी प्रमुख भाषाओं में वार्ता प्रसारित करती है। आंकड़ों के अनुसार बाईस भाषाओं में रोज कई बार खबरें प्रसारित होती हैं। इनकी

तैयारी अनुवादकों के द्वारा की जाती है। अखिल भारतीय राष्ट्रीय कार्यक्रम में इसी प्रकार पाण्डुलिपियों का भाषाओं में आदान-प्रदान होता है। सचमुच अनुवाद का बहुत कुछ कार्य रेडियो पर होता है। दूरदर्शन में भी यह कार्य चलता है। जब उसका प्रसारण पूरे दिन चलेगा तब उमसें भी अनुवाद की इतनी ही मात्रा बढ़ेगी।

साहित्य अनुवाद के लिए सबसे उर्वर क्षेत्र प्रमाणित हो चुका है। प्रतिभा देश व भाषा की दीवार नहीं मानती। किन्तु अनुवाद के जरिये ही हम अन्य भाषा की प्रतिभाओं को पहचान सकते हैं। प्राचीन भाषाओं के वाङ्मय को आधुनिक युग के पाठक अनुवाद के सहारे ही समझ पाते हैं। हमारे ही देश में कुछ शताब्दियों पहले तक संस्कृत साहित्य खूब पढ़ा जाता था और बहुत लोग संस्कृत जानते थे। अब आधुनिक युग की भाषाओं का जोर है और संस्कृत जानने वाले कम। इसलिए अनुवाद से ही हम संस्कृत की सरसता ग्रहण करते हैं। एक सीमित क्षेत्र की भाषा में लिखे हुए उत्तम साहित्य-ग्रन्थ संसार के व्यापक क्षेत्रों की भाषाओं में जब अनूदित होते हैं तब उनका प्रचार व उनके लेखकों का सम्मान बढ़ता है। रवीन्द्रनाथ टैगोर के बंगला छन्द अगर अंग्रेज़ी में अनूदित करके प्रकाशित न किये जाते तो उन्हें नोबेल पुरस्कार शायद ही मिलता। नोबेल पुरस्कार अब ऐसी भाषाओं की रचनाओं को भी प्राप्त होते हैं जो अत्यन्त सीमित प्रदेश में व्यवहृत होती हैं। नार्वे के नाटककार इब्सन के नाटक, स्पैनिश भाषा की रचनाएँ, यिद्दिष (यहूदी) भाषा की रचनाएँ आदि अनुवाद के माध्यम से ही नोबेल पुरस्कार के लिए प्रस्तुत होती हैं। मलयालम के उपन्यासकार तकषि व पोट्टेक्काट के उपन्यास तथा वल्लत्तोल व शंकर कुरूप की कविताएँ आदि देश-विदेश की अनेक भाषाओं में अनूदित होने के ही कारण विश्वविख्यात हो सकी हैं। साहित्य के क्षेत्र में अनुवाद का कार्य साहित्यों के तुलनात्मक अध्ययन को सुगम बना देता है।

अन्तर्राष्ट्रीय सम्बन्ध अनुवाद का सबसे महत्त्वपूर्ण क्षेत्र है। विभिन्न देशों के प्रतिनिधियों का संवाद मौखिक अनुवादक की सहायता से ही होता है। सारे प्रमुख देशों में प्रमुख राष्ट्रों के राजदूत रहते हैं और उनके कार्यालय भी होते हैं। राजदूतों को कई भाषाएँ बोलने का अभ्यास कराया जाता है। फिर भी देशों के प्रमुख प्रतिनिधि अपने विचार अपनी ही भाषा में प्रस्तुत करते हैं। उनके अनुवाद की व्यवस्था होती है। जब कई भाषाओं के वक्ता एक सम्मेलन में अपनी-अपनी भाषा में विचार व्यक्त करते हैं तब उनके अनुवाद की व्यवस्था कठिन होती है। तथापि अनुवाद की व्यवस्था यथासम्भव की जाती है। इसमें काफी प्रगति भी हुई है। परस्पर समझने से देशों में मित्रता बढ़ती है। अन्तर्राष्ट्रीय एवं बहुभाषी क्षेत्र के अनुवाद में जरा भी चूक होने से मित्रता शत्रुता में बदल सकती है।

यहाँ अनुवाद के विभिन्न क्षेत्रों पर सिर्फ सरसरी नजर डाली गयी है। अनुवाद शिक्षा में अत्यन्त उपयोगी उपाय का भी काम देता है। मातृभाषा में अनूदित बात छात्र के दिमाग में जितनी जल्दी बैठ जाती है, उतनी जल्दी विदेशी भाषा में बतायी बात नहीं बैठती। अतएव अन्य भाषा-शिक्षण में अनुवाद से काम लिया जाता है। आजकल प्रत्यक्ष विधि में अनुवाद प्रक्रिया अनुचित मानी गयी है। तथापि प्रौढ़ एवं कुछ भाषाओं में कुशल लोगों को नयी भाषा सिखाते समय अनुवाद अत्यन्त उपयोगी सिद्ध होता है। अनुवाद से हम व्यतिरेकी प्रणाली पर परिचित भाषा एवं नयी भाषा का अन्तर समझ सकते हैं। यह अन्तर समझने पर गलतियाँ कम होती हैं।

संक्षेप में, अनुवाद आजकल अनिवार्य प्रक्रिया सिद्ध हो चुकी है। इसका प्रयोग-क्षेत्र बढ़ता जा. रहा है।

अनुवाद की प्रक्रिया

संसार में होने वाले प्रत्येक कार्य की एक प्रक्रिया होती है। अतः किसी भी कार्य को सही ढंग से करने के लिए हमें उसकी प्रक्रिया की जानकारी होना जरूरी होता है।

अनुवाद की प्रक्रिया एवं प्रविधि

नाइडा आदि ने अनुवाद करने की प्रक्रिया के तीन चरण माने हैं—पाठ-विश्लेषण, अन्तरण, पुनर्गठन। कुछ रूसी विचारकों ने इसके चार चरण माने हैं। वस्तुतः अनुवादक को इन पाँचों चरणों से गुजरना पड़ता है। ये पाँच चरण हैं :

1. पाठ-पठन : पहला चरण अनूद्य सामग्री को पढ़ने का है। यह पाठ-पठन दो दृष्टियों से किया जाता है—भाषिक अर्थ की दृष्टि से तथा वैषयिक अर्थ की दृष्टि से। पाठ-पठन में हो सकता है कि कहीं भाषा कठिन हो और उसे समझने की आवश्यकता हो। इसके लिए उस भाषा के अच्छे जानकार या कोश आदि की सहायता ली जा सकती है। ऐसे ही, यह भी सम्भव है कि विषय की दुरूहता के कारण कहीं पाठ समझ में न आ रहा हो। ऐसे ही, यह भी सम्भव है कि विषय की प्रामाणिक पुस्तकों से सहायता ली जा सकती है। यहाँ यह भी संकेत है कि अर्थ के निर्धारण में काल, देश, लिंग, वचन, प्रसंग आदि उन बातों का विचार अवश्य करना चाहिए जो अर्थ-निर्धारण के लिए आवश्यक माने जाते हैं।

2. पाठ-विश्लेषण : दूसरे चरण में अनुवाद की दृष्टि से पाठ का विश्लेषण करते हैं। आवश्यकतानुसार पाठ पर, इस चरण में निशान लगाए जा सकते हैं। इस विश्लेषण में मुख्य बल इस बात पर दिया जाना चाहिए कि कहाँ शब्द का अनुवाद करना है, कहाँ पदबन्ध का, कहाँ उपवाक्य का, कहाँ वाक्य का और कहाँ एक वाक्य को एकाधिक वाक्यों में तोड़कर अनुवाद करना है तथा

कहाँ एकाधिक वाक्यों को एक वाक्य में मिलाकर अनुवाद करना है। कभी-कभी प्रोक्तिस्तरीय अनुवाद की आवश्यकता भी पड़ सकती है।

3. भाषान्तरण : इस तीसरे चरण में, दूसरे चरण के पाठ-विश्लेषण के आधार पर विभक्त स्रोत भाषा की इकाइयों का लक्ष्य भाषा की इकाइयों में अन्तरण करते हैं। यह अन्तरण मुख्यतः तीन प्रकार का हो सकता है—(क) किसी इकाई का समान इकाई में, जिसे शब्द-शब्द, पदबन्ध-पदबन्ध, उपवाक्य-उपवाक्य, वाक्य-वाक्य, वाक्यबन्ध-वाक्यबन्ध अन्तरण कह सकते हैं। (ख) बड़ी इकाई छोटी इकाई (जैसे उपवाक्य-पदबन्ध); (ग) छोटी इकाई-बड़ी इकाई (जैसे पदबन्ध-उपवाक्य)।

4. समायोजन : यहाँ आकर अन्तरित पाठ का लक्ष्य भाषा की दृष्टि से समायोजन करते हैं। इस समायोजन में हमारा ध्यान तीन बातों पर जाना चाहिए—(क) भाषा में सहज प्रवाह हो। (ख) स्रोत भाषा की छाया न हो। उदाहरण के लिए I have taken my meals के हिन्दी अनुवाद 'मैंने अपना खाना ले लिया है' में स्रोत भाषा की छाया है। हिन्दी का ठीक वाक्य होगा—'मैंने खाना खा लिया है'। (ग) अर्थ स्पष्ट हो। यह अर्थ की स्पष्टता दोनों प्रकार की हो—भाषिक अर्थ, वैषयिक अर्थ।

5. मूल से तुलना : अनुवादक को चौथे चरण में आकर अपने कर्तव्य की इतिश्री नहीं समझ लेनी चाहिए। उसे अन्त में मूल से एक बार तुलना अवश्य कर लेनी चाहिए। यहाँ देखने की बात यह होती है कि अनुवाद मूल से न कम कह रहा हो, न अधिक कह रहा हो और न कुछ हटकर कह रहा हो। अर्थात् वह अर्थ-संकोच, अर्थ-विस्तार तथा अर्थादेश दोषों से मुक्त हो तथा यथासम्भव उसकी भाषा-शैली भी मूल के अनुरूप हो।

अनुवाद प्रक्रिया का विश्लेषण

उपरिवर्णित बिन्दुओं को और अधिक स्पष्ट करने के लिए हम यहाँ इन मदों पर विस्तृत विवेचन प्रस्तुत कर रहे हैं। अधिकांश विद्वान अनुवाद प्रक्रिया में निम्नलिखित प्रक्रिया को मान्यता देते हैं :

1. अनुवाद की प्रक्रिया का विवेचन : अनुवाद प्रक्रिया के विवेचन से हमारा आशय अनुवाद के कार्य को सम्पन्न होने तक की प्रक्रिया का अध्ययन करना है। स्रोत भाषा से लक्ष्य भाषा में अनुवाद सम्पन्न होने तक अनुवादक को एक जटिल प्रक्रिया से गुजरना पड़ता है। इस प्रक्रिया में वह अपनी समस्त क्षमताओं का उपयोग करके पुनर्सृजन करता है। अतः इस जटिल प्रक्रिया को समझे बिना

अनुवाद को समझना कठिन है। पहले अध्याय में इसका संक्षिप्त परिचय दिया गया था। अब इसका विस्तार से विवेचन यहाँ प्रस्तुत किया जा रहा है।

2. अनुवाद एक जटिल प्रक्रिया : 'अनुवाद' शब्द सुनने में जितना सरल व सहज प्रतीत होता है, व्यवहार में यह उतना ही जटिल एवं श्रमसाध्य कार्य है। अनुवाद एक भाषा से दूसरी भाषा में पहुँचने तक एक लम्बी प्रक्रिया से गुजरता है। इसे ही अनुवाद की प्रक्रिया के अन्तर्गत व्याख्यायित किया गया है। इसके निम्नलिखित चरण होते हैं :

2.1. स्रोत भाषा पठन : जब हम किसी सन्देश या सामग्री का अनुवाद करते हैं तो उस समय हमारे पास उपलब्ध सामग्री के नाम पर स्रोत भाषा में लिखा एक सन्देश (सामग्री) मात्र होता है। अनुवाद की प्रक्रिया का पहला चरण इसके पठन से आरम्भ होता है अर्थात् मूल पाठ का बारीकी से अध्ययन। अनुवाद के दूसरे चरण में इस सामग्री का विश्लेषण आता है, तीसरे चरण में अर्थग्रहण, चौथे चरण में अर्थ विश्लेषण और पाँचवें चरण में इस अर्थ विश्लेषण से प्राप्त अभिव्यक्ति को लक्ष्य भाषा में पहुँचाने हेतु चिन्तन। इसका अर्थ यह हुआ कि मूल पाठ को पढ़ने से लेकर उसे पचाने और उसे दूसरी भाषा अर्थात् लक्ष्य भाषा में पहुँचाने की प्रक्रिया तक पाँच चरणों से गुजरना होता है। इसके लिए स्रोत भाषा एवं लक्ष्य भाषा पर पूर्ण अधिकार होना जरूरी है।

3. लक्ष्य भाषा में अन्तरण के चार चरण : स्रोत भाषा में अर्थ समझ लेने के उपरान्त इसी सामग्री को लक्ष्य भाषा में रूपान्तरित करने के भी अनेक चरण होते हैं, यथा—मूल सामग्री में दिये गये शब्दों के अनेक पर्यायवाची शब्द होते हैं। इन पर्यायवाची शब्दों में सन्दर्भ व प्रसंगानुकूल सही-सही शब्द को चुनना पहला चरण है, लक्ष्य समूह अर्थात् पाठक वर्ग को ध्यान में रखकर सही शैली एवं अभिव्यक्ति का चुनाव करना दूसरा चरण है। इसे हम अर्थ-छटा या पर्याय-चयन भी कह सकते हैं। इसके उपरान्त तीसरे चरण में लक्ष्य भाषा की संकल्पनाओं, भाषिक संरचना व सहज प्रवाह हेतु लक्ष्य भाषा की मूल प्रकृति के अनुरूप वाक्य संरचना को सोचना पड़ता है। वास्तव में अनुवाद का यह चरण अत्यधिक महत्त्वपूर्ण होता है क्योंकि इससे ही अनुवाद सरल, जटिल या सजीव या निर्जीव बनता है। अनुवाद को आकर्षक व सत्य के निकट लाने का कार्य इसी चरण में सम्पन्न होता है।

इस प्रक्रिया का अगला अर्थात् चौथा चरण है—सामाजिक एवं सांस्कृतिक परिवेश को देखते हुए भाषा की प्रयुक्ति का ध्यान रखते हुए मूल पाठ में न कुछ छोड़ते हुए व न कुछ जोड़ते हुए लक्ष्य भाषा में रूपान्तरण करना। लक्ष्य भाषा के अन्तरण के अन्तर्गत चौथा चरण यहाँ समाप्त होता है।

4. लक्ष्य भाषा में किये अनुवाद का अनुशीलन करना : इसका अर्थ यह है कि अनुवाद की गयी सामग्री को ध्यानपूर्वक पढ़ना और यह देखना कि वह मूल जैसा ही अर्थ देता हो, इसी चरण में व्याकरणगत त्रुटियों का सुधार भी किया जाता है। इसे मिलान कार्य भी कह सकते हैं।

5. तादात्म्य स्थापन : स्रोत भाषा से लक्ष्य भाषा में रूपान्तरित करने की प्रक्रिया के उक्त चरणों के अतिरिक्त एक और भी चरण होता है जो अति सूक्ष्म एवं अति महत्त्वपूर्ण है। यह चरण है लेखक के विचारों और भावनाओं की स्वयं अनुभूति अर्थात् 'पर काया प्रवेश' की प्रक्रिया। आशय यह है कि अनुवादक मूल पाठ के लेखक के मनोभावों की गहराई तक पहुँचकर उन भावनाओं को स्वयं अनुभव करे व अनुवाद करते समय इन्हीं भावनाओं को इतनी ही गहराई से उसी भावना की कोमलता या कठोरता सहित सम्प्रेषित करे।

इस प्रक्रिया में यह जानना भी जरूरी होता है कि केवल शब्दों के अर्थ ही नहीं निहितार्थों, शब्द शक्तियों, व्यंग्य अथवा मंतव्य को भलीभाँति जानना चाहिए। इसके अन्तर्गत हम पाँच चरण पाते हैं। पहला चरण है–लेखक की अनुभूति स्वयं महसूस करना अर्थात् लेखक से तादात्म्य। इसका दूसरा चरण है रूपान्तरित या अनूदित पाठ में उसी भावना का उसी रूप में प्रेषण। तीसरा चरण है लेखक का मंतव्य अर्थात् केवल शब्द ही नहीं शब्दों में छिपी ध्वनि या व्यंग्य आदि को सही-सही समझकर उसकी समुचित अभिव्यक्ति। इसका चौथा चरण है कि अनुवादक को मूल लेखक के लेखन से तीन गुनी प्रतिभा को दिखाते हुए अपना अनुवाद कौशल दिखाना। पाँचवाँ चरण है विषय का समुचित प्रतिपादन। उपरिवर्णित प्रक्रिया में अनुवादक को तीन प्रतिभाओं को प्रदर्शित करना होता है अर्थात् सहृदय पाठक की प्रतिभा; दूसरी प्रतिभा अर्थात् लक्ष्य भाषा में लेखकीय क्षमता का प्रदर्शन व तीसरी प्रतिभा है–विषय का समुचित ज्ञान सही व सन्तुलित रूप में प्रतिपादित करना।

यहाँ यह भी उल्लेखनीय है कि अनुवादक लेखक से तीन गुना अधिक प्रयास करता है, परन्तु उसे मूल लेखक से कम सम्मान मिलता है। यह अवधारणा बदलनी चाहिए। अनुवाद केवल भाषान्तर नहीं होता बल्कि एक उत्कृष्ट बौद्धिक सृजन भी होता है। इसे बौद्धिक सृजन कहने का कारण यह है कि मूल लेखक की भावना अथवा विचारों को उसी भावना या विचार-गाम्भीर्य के साथ पाठकों तक पहुँचाने की जटिल प्रक्रिया का निर्वाह अनुवादक को करना पड़ता है। अतः लेखक और पाठक के बीच अनुवाद, सेतु का कार्य करता है।

6. अनुवाद की प्रक्रिया–कुछ अन्य विचार : अनुवाद के परम्परागत चिन्तन

को उपरिवर्णित पैरा में बताया गया है। हम यहाँ अनुवाद की प्रक्रिया के सम्बन्ध में परम्परा से हटकर कुछ अन्य विचारकों के विचार प्रस्तुत कर रहे हैं।

6.1 पाश्चात्य विचारक : अनुवाद की प्रक्रिया पर पाश्चात्य विचारकों ने भी विभिन्न मत व्यक्त किये हैं। नाइडा द्वारा प्रतिपादित अनुवाद की प्रक्रिया तीन सोपानों में सम्पन्न होती है। ये तीन सोपान—विश्लेषण, अन्तरण एवं पुनर्गठन होते हैं। अर्थात् अनुवाद में पहला सोपान है, पाठ का विश्लेषण; दूसरा सोपान है, मूल पाठ का लक्ष्य भाषा में अन्तरण; दूसरी भाषा में पुनर्गठन अथवा लेखन तीसरा सोपान है।

पाश्चात्य विचारक न्यूमार्क ने अनुवाद की प्रक्रिया के अन्तर्गत; स्रोत भाषा-बोधन-अभिव्यक्तिकरण-लक्ष्य भाषा-अन्तरक्रमिक अनुवाद जैसे चरणों को स्वीकर किया है। न्यूमार्क का मत यह है कि अन्तरक्रमिक अनुवाद शाब्दिक अनुवाद होता है। अतः इसमें सुधार का एक और सोपान होना चाहिए जो अनुवाद को शब्द के धरातल से उठाकर समुचित अभिव्यक्ति के धरातल पर ले जाये जिससे अनुवाद अर्थपूर्ण, सरल व बोधगम्य तथा लक्ष्य भाषा की भाषिक संरचना के अनुकूल हो। उदाहरणार्थ He is taking his Lunch का भाषिक रूपान्तर होगा—वह अपना दोपहर का खाना खा रहा है। जबकि इसे लक्ष्य भाषा की प्रकृति के अनुसार यह कहा जाना चाहिए—वह भोजन कर रहा है या वह खाना खा रहा है। इसमें 'अपना' और 'दोपहर का' जैसी अभिव्यक्तियों का लक्ष्य भाषा में कोई अर्थ नहीं है। इसलिए अन्तरक्रमिक अनुवाद के उपरान्त एक और सोपान होना चाहिए जिसे परिष्कार सोपान कहा जा सकता है।

6.2 भारतीय विचारक : भारतीय विचारक श्रीवास्तव एवं गोस्वामी ने अनुवाद की प्रक्रिया को भाषिक प्रतीक से जोड़ा है। उनके अनुसार अनुवाद की प्रक्रिया के चरण इस प्रकार हैं—संकेतक-1-संकेतार्थ-सन्देश-संकेतार्थ-2-संकेतक-2 अर्थात् भाषा मूलतः प्रतीक संकेत होती है। स्रोत भाषा के प्रतीक संकेतों का अर्थ ग्रहण करके इन्हें समझकर पुनः लक्ष्य भाषा के भाषिक संकेतों के माध्यम से अभिव्यक्त किया जाता है, इस प्रकार एक भाषिक प्रतीक से दूसरे भाषिक प्रतीक में सन्देश सम्प्रेषण की क्रिया सम्पन्न हो जाती है। अतः इसे प्रतीकांतरण अथवा अनुवाद कहा जाता है।

7. मूल से मिलान करना : अनुवाद की प्रक्रिया का अन्तिम चरण होता है—मूल पाठ से अनुवाद की गयी सामग्री का मिलान करना। इस मत को सभी विचारकों ने सर्वोच्च प्राथमिकता दी है।

इस प्रकार हम देखते हैं कि 'अनुवाद' शब्द जितना सरलताबोधक प्रतीत

होता है, उसकी प्रक्रिया उतनी ही कठिन व श्रमसाध्य होती है। अनुवाद में मूल सृजन से पाँच गुना अधिक श्रम लगता है। इन पाँच चरणों को हम विस्तारपूर्वक ऊपर बता चुके हैं।

8. निष्कर्ष : अनुवाद की प्रक्रिया एवं प्रविधि को यदि सार रूप में बताना चाहें तो कह सकते हैं कि अनुवाद की प्रक्रिया में पाठ विश्लेषण, अर्थग्रहण, स्रोत भाषा व लक्ष्य भाषा का तुलनात्मक अध्ययन, अर्थांतरण अनूदित पाठ का पुनर्गठन व अनुशीलन आदि चरण शामिल होते हैं। अतः अनुवाद की संकल्पना व अनुवाद प्रक्रिया व प्रविधि एक वैज्ञानिक प्रक्रिया है। यह क्रमबद्ध ज्ञान है इसलिए इसे अधिकांश विद्वान 'विज्ञान' के अन्तर्गत वर्गीकृत करना पसन्द करते हैं।

अनुवाद में त्रुटियाँ

अनुवाद में त्रुटियों की बहुत सम्भावना रहती है क्योंकि जब हम एक भाषा से दूसरी भाषा में अनुवाद करते हैं तो दोनों भाषाओं व सामग्री में वर्णित विषय व अनुवाद की प्रस्तुति अर्थात् अनेक मुद्दों पर अनुवादक को एक साथ मस्तिष्क पर जोर डालना पड़ता है। इसे उदाहरण से इस प्रकार दर्शाया जा सकता है।

यह छोटा-सा उदाहरण है—ऐसी अनेक क्रियाएँ मस्तिष्क में एक साथ चलती हैं जिससे मस्तिष्क में यदि थोड़ी-सी भी शिथिलता आ जाये तो कोई-न-कोई

मस्तिष्क

स्रोत भाषा	सामग्री	उपयुक्त शब्द
अध्ययन	विषय	पदबंध
विश्लेषण	समग्र अर्थ	शैली
चिंतन	समतुल्यता	लक्ष्य समूह
लक्ष्य समूह के	लक्ष्य समूह के	व्याकरण
अनुरूप	अनुकूल सामग्री	प्रस्तुति
व्याकरण	का प्रस्तुतीकरण	वाक्य रचना
प्रयुक्ति	बोधगम्यता	मुहावरे
वाक्यविश्लेषण	अर्थ और न्याय	लोकोक्ति
समग्र प्रभाव	चिंतन	जोड़ना
लक्ष्यार्थ	शब्दशक्ति	घटाना
अर्थांतरण	प्रकार	गति
शैली		चयन

बिन्दु छूट जाता है। इस च्युति या चूक के कारण अनुवाद में गलतियाँ रह जाती हैं। इसलिए त्रुटिरहित अनुवाद करने के लिए एकाग्रता, तन्मयता व अनुवाद कार्य के प्रति निष्ठा का होना नितान्त जरूरी है। अरुचि व जल्दबाजी में किया गया अनुवाद त्रुटियुक्त होता है। अतः अपने किये गये अनुवाद को पुनः अवश्य पढ़ लेना चाहिए।

पुनरीक्षण

'पुनरीक्षण' (Vetting) का व्युत्पत्तिमूलक अर्थ 'पुनः-ईक्षण', अर्थात् 'फिर से देखना' है, किन्तु यह शब्द अब हिन्दी में किसी 'अनुवाद के संशोधन' के लिए प्रयुक्त किया जाता है। अर्थात् कोई व्यक्ति अनुवाद करके अपने अनुवाद को एक बार देख चुका है, दूसरा व्यक्ति अर्थात् पुनरीक्षक (Vetter) उसको फिर से देखता है, अनुवाद का पुनःईक्षण करता है। यही पुनरीक्षण है।

ज्ञानात्मक साहित्य का अनुवाद सहयोग से हो तभी अधिक अच्छा होता है। अर्थात् अनुवादक की विषय में अच्छी गति हो और पुनरीक्षक की विषय में गति हो या नहीं, स्रोत और लक्ष्य भाषा में अच्छी गति हो। इस तरह ज्ञान की दृष्टि से भी अनुवादक और पुनरीक्षक को एक-दूसरे का पूरक होना चाहिए। दोनों ही भाषाओं के मात्र जानकार हों तो काम नहीं चलेगा या मात्र विषय के जानकार हों तब भी अनुवाद अच्छे स्तर का नहीं हो सकेगा।

सर्जनात्मक साहित्य के अनुवाद में भी अनुवादक और पुनरीक्षक को एक-सा नहीं होना चाहिए। यह मैंने प्रायः पाया है कि एक स्वयं साहित्य का सर्जक हो और दूसरा साहित्य-सर्जक न होकर अच्छा अनुवादक हो तो दोनों एक-दूसरे को बैलेंस कर लेते हैं। जो व्यक्ति स्वयं सर्जक है, वह अपनी प्रतिभा के दबाव में अधिक छूट लेने की गलती प्रायः कर बैठता है, जिस पर असर्जक किन्तु अच्छा अनुवादक अंकुश लगा सकता है। कोई अनुवादक, जिसमें सृजन-प्रतिभा नहीं है, सर्जनात्मक साहित्य का अच्छा सर्जनात्मक अनुवाद नहीं कर सकता। आदर्श स्थिति यही होती है कि कोई सर्जन-प्रतिभा का धनी अनुवाद करे तथा कोई-असर्जक किन्तु अच्छा अनुवादक उसका पुनरीक्षण करे। यदि दोनों सर्जक हैं तो अनुवाद मूल से दूर जा सकता है और यदि दोनों असर्जक अनुवादक हैं तो अनुवाद निष्प्राण हो सकता है।

पुनरीक्षक को अनुवाद का पुनरीक्षण विषय और अभिव्यक्ति दोनों दृष्टियों से करना चाहिए। अपेक्षित होने पर दो पुनरीक्षक भी अच्छे रहते हैं—एक विषय का जानकार और एक भाषा का जानकार।

सम्पादन और पुनरीक्षण में अन्तर

वस्तुतः सम्पादन और पुनरीक्षण एक जैसे शब्द प्रतीत होते हैं परन्तु पुनरीक्षण में पुनरीक्षणकर्ता का लक्ष्य अनुवाद को शुद्ध करने की ओर अधिक होता है। वह अनुवाद की त्रुटियों को सुधारकर उसे त्रुटिरहित अनुवाद में परिवर्तित करता है जबकि अनुवाद सम्पादन में सम्पादक काट-छाँट अधिक करता है। सम्पादक का लक्ष्य अनुवाद में अनावश्यक सामग्री को काट-छाँटकर उसे आकर्षक तथा लक्ष्योन्मुखी बनाना होता है। अतः सम्पादक अनुवाद में छोड़ने और जोड़ने के अधिकार का प्रयोग करता है।

ऊपर बताए दो प्रकार के अनुवादों में मशीनी अनुवाद में सम्पादन की आवश्यकता अधिक इसलिए होती है क्योंकि मशीन का स्वयं का न मस्तिष्क होता है और न हृदय। इसलिए मशीनी अनुवाद बहुविकल्पी तथा निर्जीव होता है। इस अनुवाद में सही विकल्प का प्रयोग करते हुए इसे सजीव बनाने हेतु सम्पादन नितान्त जरूरी होता है। अनुवादक द्वारा किये अनुवाद को आकर्षक व लक्ष्य समूह के लिए उपयोगी तथा बोधगम्य बनाने के लिए अनुवाद का सम्पादन किया जाता है।

अनुवाद का मूल्यांकन

अनुवाद की अनेक श्रेणियाँ होती हैं। इस प्रकार अनुवाद के मूल्यांकन हेतु भी अनेक मानदण्ड अपनाते हुए अनुवाद को सार्थक, निरर्थक, उत्कृष्ट, अच्छा, सन्तोषजनक, निम्नस्तरीय, निकृष्ट जैसी श्रेणियों में विभाजित किया जाता है। अनुवाद का मूल्यांकनकर्ता अपने मस्तिष्क में इन सभी प्रकार के वर्गीकरणों को ध्यान में रखकर मूल्यांकन करता हैं।

अनुवाद का मूल्यांकन करने के लिए मूल्यांकक अपने मानदण्ड स्वयं निर्धारित करता है, परन्तु स्थूल रूप में एक अच्छे अनुवाद के लिए मूल्यांकक यह अपेक्षा रखता है कि अनुवाद सही हो, लक्ष्य समूह के अनुरूप भाषा-शैली का प्रयोग हो तथा लक्ष्य भाषा की प्रकृति के अनुरूप हो व यह निर्जीव न लगे। इन सबसे महत्त्वपूर्ण यह है कि अनुवाद अपनी विषयवस्तु/सामग्री या कथ्य को उसी रूप में सम्प्रेषित करने में सक्षम हो जैसा कि वह स्रोत भाषा में करता है।

मूलतः इन बिन्दुओं को ध्यान में रखकर मूल्यांकनकर्ता अनुवाद का मूल्यांकन करता है।

प्रयोजनमूलकता और अनुवाद

अनुवाद जहाँ ज्ञान की एक प्रमुख विधा है वहीं दूसरी ओर यह एक प्रमुख व्यवसाय भी है। अनुवाद का महत्त्व सदियों से स्वीकार किया जाता रहा है तथा आज के बदलते माहौल में तो इसकी प्रासंगिकता और भी बढ़ गयी है।

व्यवसाय के रूप में यह विश्व में हज़ारों करोड़ रुपये के व्यापार आवर्त का एक प्रमुख व्यवसाय है। कहने का आशय यह है कि अनुवाद जहाँ एक ओर साहित्य और संस्कृति का अंग होता है वहीं दूसरी ओर यह एक उच्च स्तर का व्यवसाय है। विदेशों में अनुवाद प्रति शब्द की दर से कराया जाता है। आजकल (2007 में) विदेशों में एक शब्द का अनुवाद करने हेतु 50 रुपये से 75 रुपये दिये जाते हैं। भारत में यह दर 1 रुपये प्रति शब्द से 5 रुपये प्रति शब्द है। भारत सरकार में यह दर 45 रुपये प्रति हज़ार शब्द है। यह दर आज से 10-15 साल पहले निर्धारित की गयी थी इसलिए इतनी कम नजर आती है। इसमें संशोधन की तत्काल आवश्यकता है।

सूचना प्रौद्योगिकी और अनुवाद

आज सम्पूर्ण संसार एक छोटे-से गाँव के रूप में बदलता जा रहा है। सूचना प्रौद्योगिकी की क्रान्ति ने हमें एक ऐसे मुकाम पर पहुँचा दिया है जहाँ से विश्व के एक कोने से दूसरे कोने में सम्पर्क साधना अत्यधिक सुगम हो गया है। आज सम्पर्णू विश्व में आपसी सहयोग, व्यापार और सांस्कृतिक आदान-प्रदान का बड़ी तेजी से विकास हो रहा है। नये-नये शोध व ज्ञान का विपुल भण्डार आज किसी एक देश तक सीमित नहीं रह गया है बल्कि यह निरन्तर विश्व के कोने-कोने में अनुवाद के माध्यम से पहुँच रहा है। आज व्यापार पर्यटन, उद्योग, चिकित्सा, प्रौद्योगिकी, साहित्य, सांस्कृतिक सम्बन्धों में जितनी तेजी से हो रहा है उतनी ही तेजी से अनुवाद की आवश्यकता बढ़ती जा रही है। इस प्रकार हम देखते हैं कि वर्तमान सन्दर्भ में बिना अनुवाद हम अन्धकार में ही रह जायेंगे। भारत जैसे

बहुभाषी देश में तो बिना अनुवाद विकास की बात करना अर्थहीन है। यहाँ के जन-जन तक पहुँचने के लिए अनुवाद एक अनिवार्यता है।

भारतीय सन्दर्भ में अनुवाद

भारतीय भाषाओं और बोलियों के विराट महासमुद्र में अनुवाद ही एक ऐसा साधन है जो हमारे बीच सेतु का कार्य करता है।

भारत की महान परम्पराओं व अपार ज्ञान राशि का लाभ विश्व ने उठाया है। हमारे संस्कृत ग्रन्थों व हमारे चिन्तन एवं आध्यात्मिक वर्चस्व की विश्व में जो धूम मची है, उसका श्रेय अनुवाद को ही जाता है। आज भी विश्व स्तर पर अपनी उपलब्धियों को दर्शाने के लिए भी अनुवाद एक श्रेष्ठ माध्यम है। अनुवाद से हम विश्व साहित्य से भी परिचित होते हैं। आज भारत विश्व में महत्त्वपूर्ण भूमिका निभा रहा है, विशेष रूप से दक्षिण एशिया में तो भारत का दबदबा कायम है, अतः इस समग्र क्षेत्र में आपसी तालमेल व सौहार्द को बनाये रखने के लिए भी अनुवाद अनिवार्य आवश्यकता बन गया है। अनुवाद साहित्य की एक विशिष्ट विधा है। इसके द्वारा जहाँ हम किसी कृति को अन्य भाषा-भाषी समुदाय तक पहुँचाते हैं वहीं दूसरी ओर हम सृजन का सुख भी प्राप्त करते हैं।

अनुवाद और साहित्य

अनुवाद साहित्य की समृद्धि में भी महत्त्वपूर्ण स्थान रखता है, अतः सृजन के क्षेत्र में भी अनुवाद का महत्त्व अति महत्त्वपूर्ण है। अनुवाद के साहित्य जगत में प्रभाव को आज सर्वत्र देखा जा सकता है। आज विश्व संस्कृति का संक्रमण काल है। अतः इस सांस्कृतिक आदान-प्रदान की तीव्रगामी संक्रमण प्रक्रिया को निरन्तर जारी रखने के लिए अनुवाद का महत्त्व सर्वोपरि है।

भारत जैसे विशाल राष्ट्र में राष्ट्रीय एकता और अखण्डता के लिए अनुवाद नितान्त आवश्यक है। सम्पूर्ण भारत में प्रवाहित होने वाली सांस्कृतिक एकता व चिन्तन शैली को हम अनुवाद के माध्यम से ही हर भारतवासी तक पहुँचा सकते हैं। एक प्रदेश से दूसरे प्रदेश के श्रेष्ठ साहित्य व साहित्यकारों का परिचय हम अनुवाद से प्राप्त करते हैं तथा इसके द्वारा हम भारत के साहित्य में चिरन्तन रूप से प्रवाहित होती एकता की व साम्य की परम्परा को देख पाते हैं। इससे राष्ट्रीय एकता को बल मिलता है।

शिक्षा जगत एवं अनुवाद

शिक्षा जगत आज अनुवाद के माध्यम से काफी समृद्ध हुआ है। अनुवाद का महत्त्व शिक्षा के क्षेत्र में भी अग्रणी है। विश्व-स्तर पर प्राप्त ज्ञान को शिक्षा में समाहित करना अनुवाद द्वारा ही सम्भव है। हम अपनी शिक्षा व्यवस्था में विश्वस्तर पर हो रहे परिवर्तनों को शामिल करते हुए अपनी शिक्षा व्यवस्था को व शिक्षा में हो रहे अनुसन्धानों को भी जान सकते हैं। प्राइमरी स्तर पर दी जा रही शिक्षा में भी अनुवाद का बहुत महत्त्व है। आज हर बच्चा अपनी क्षेत्रीय भाषा में अध्ययन करता है, परन्तु उसे बाद में राष्ट्रीय स्तर पर प्रतियोगिता करनी होती है, अतः यह नितान्त जरूरी है कि शिक्षा के आरम्भिक दौर से ही बच्चे को अपनी क्षेत्रीय भाषा तथा राष्ट्रीय स्तर की भाषा अर्थात् हिन्दी का ज्ञान दिया जाना जरूरी है। भारत के दक्षिण एवं मध्य तथा पूर्व के विद्यालयों में क्षेत्रीय भाषा सिखाते समय क्षेत्रीय भाषा से हिन्दी में या अंग्रेज़ी में अनुवाद सिखाया जाता है। यह अनुवाद के महत्त्व को स्वतः सिद्ध करता है।

सरकारी क्षेत्र और अनुवाद

भारत की राजभाषा के रूप में हिन्दी को स्थान मिलने के बाद सरकारी क्षेत्र में अनुवाद में तेजी आई। सरकारी कामकाज का, राष्ट्रीय स्तर पर कामकाज के लिए राजभाषा हिन्दी है, इस समय अंग्रेज़ी भी सहयोगी भाषा के रूप में चल रही है। अतः क्षेत्रीय भाषा अर्थात् प्रादेशिक भाषा का प्रयोग तो मात्र राज्य स्तर तक सीमित रहता है। राष्ट्रीय स्तर पर सरकारी कामकाज करने के लिए अर्थात् प्रशासनिक कार्य करने के लिए यह नितान्त जरूरी हो जाता है कि हम अपनी क्षेत्रीय भाषा को छोड़कर राष्ट्रीय स्तर की भाषा में कामकाज करें। अतः अनुवाद, ऐसी स्थिति में अनिवार्य हो जाता है। इसी धारणा को ध्यान में रखते हुए कई राज्य सरकार के कार्यालयों में भाषान्तरकार व अनुवादक एवं भाषा अधिकारी रखे जाते हैं। केन्द्र सरकार के सभी कार्यालयों में हिन्दी में काम करना अनिवार्य है। राजभाषा अधिनियम 1963 (यथा संशोधित 1967) तथा राजभाषा नियम 1976 (यथा संशोधित 1987) व राष्ट्रपति जी के आदेशों एवं राजभाषा विभाग गृह मन्त्रालय के दिशा निर्देशों के अनुसार प्रशासनिक कार्य, प्रशासनिक प्रक्रिया साहित्य, मुद्रण, लेखन, रबर मोहरें, साइनबोर्ड जैसी मदें द्विभाषिक होने के कारण अनुवाद का महत्त्व अत्यधिक बढ़ गया है।

हिन्दी को 14 सितम्बर, 1949 को राजभाषा के रूप में स्वीकृति मिल जाने

व उसके बाद संविधान के भाग V एवं भाग XVII में हिन्दी सम्बन्धी विभिन्न प्रावधानों के लिए संविधान द्वारा की गयी व्यवस्था के कारण अनुवाद के बिना सरकारी काम चलना कठिन हो गया था। इसलिए केन्द्र सरकार के कार्यालयों, बैंकों, सार्वजनिक उपक्रमों इत्यादि में हिन्दी अधिकारी, सहायक निदेशक, उप-निदेशक जैसे उच्च स्तर के अधिकारियों की नियुक्ति की गयी साथ ही हिन्दी अधिकारी व हिन्दी अनुवादकों की बड़ी संख्या में नियुक्तियाँ की गयीं। आज केन्द्र सरकार ही नहीं बल्कि बैंकों और सार्वजनिक उपक्रमों में हिन्दी अधिकारी, महाप्रबन्धक स्तर तक के पद सुशोभित कर रहे हैं व प्रशासनिक जगत में अनुवाद द्वारा विपुल साहित्य सृजन कर रहे हैं। विभिन्न प्रकार की शब्दावलियाँ तैयार हो चुकी हैं, सरकारी प्रक्रियात्मक साहित्य व फार्म आदि भी सभी द्विभाषिक तैयार हो चुके हैं। यह अनुवाद की प्रक्रिया निरन्तर जारी है। अतः प्रशासनिक व्यवस्था में अनुवाद का महत्त्व बढ़ता ही जा रहा है।

व्यापार और उद्योगजगत तथा अनुवाद

निजी स्तर पर अनुवाद हेतु व्यापार और उद्योगजगत की ओर भी देखें। भले ही सरकारी भाषा नीति निजी उद्योगों व व्यापारियों पर लागू नहीं होती है परन्तु भारत में यदि व्यापारियों या उद्योगों को अपना अस्तित्व बनाये रखना है, तो उन्हें अनुवाद का आश्रय लेना ही पड़ता है। अपने उत्पाद की जानकारी अखिल भारतीय स्तर पर पहुँचाने के लिए अंग्रेज़ी व हिन्दी का आश्रय लेना नितान्त जरूरी है। यदि कोई वस्तु जन-जन तक व दूर-दराज के ग्रामीण क्षेत्रों तक पहुँचानी है तो उसकी जानकारी प्रान्तीय/क्षेत्रीय भाषा में देना अनिवार्य हो जाता है। यदि किसी वस्तु, उत्पाद या व्यापार को विश्व स्तर पर पहुँचाना हो तो भी अंग्रेज़ी व विश्व की कई भाषाओं में अनुवाद करवाना ही होगा। इस प्रकार व्यापार एवं वाणिज्य तथा उद्योगजगत बिना अनुवाद नहीं चल सकता। हर स्तर व स्थान पर सम्पर्क के लिए भाषा व अभिव्यक्ति बदल जाती है। अतः अनुवाद का महत्त्व तो निर्विवाद रूप से है ही, बल्कि यह कहें कि अनुवाद तो एक अनिवार्यता है जिसे छोड़ना व्यापार-वाणिज्य के लिए घातक है। आपने देखा ही होगा कि कई वस्तुओं में भारत की प्रमुख भाषाओं में उस उत्पाद की जानकारी दी जाती है। आजकल जीवनरक्षक औषधियों पर उनके नाम हिन्दी व अंग्रेज़ी दोनों भाषाओं में लिखे मिलते हैं, यह अनुवाद की अनिवार्यता का द्योतक है।

संचार माध्यम एवं अनुवाद

मीडिया के तीव्रगामी प्रसार ने अनुवाद के क्षेत्र में नये आयाम जोड़े हैं। यदि हम संचार माध्यमों की ओर देखें तो पायेंगे कि संचार माध्यम चाहे वे मुद्रण से जुड़े (प्रिंट मीडिया) हों अथवा इलेक्ट्रॉनिक (दूरदर्शन, रेडियो, कम्प्यूटर, दूरभाष, उपग्रह आदि) मीडिया से जुड़े हों, अनुवाद तो संचार माध्यमों की 'प्राणवायु' है। आज संचार के माध्यमों का जिस तरह कायाकल्प हो रहा है व जिस तरह से त्वरित गति से संचार व्यवस्था चल रही है उस स्थिति में अनुवाद के बिना संचार का उद्देश्य ही अपूर्ण रह जाता है। आज हम दूरदर्शन पर विदेशी फिल्म देखते हैं परन्तु उसके संवाद हमें अनुवाद के द्वारा छोटी पट्टियों में टी.वी. स्क्रीन पर ही दिखा दिये जाते हैं। इस प्रकार हम संसार की कोई भी फिल्म किसी भी भाषा में देख सकते हैं। आज समाचार प्रेषण एजेंसियाँ अपने समाचार अंग्रेज़ी या हिन्दी में भेजती हैं, परन्तु क्षेत्रीय समाचार-पत्र तत्काल उनका अनुवाद करते हैं व उन्हें समाचार-पत्रों में अपनी-अपनी क्षेत्रीय भाषाओं में प्रकाशित करते हैं। मीडिया में अनुवाद और अनुवादकों का जमघट लगा रहता है, परन्तु इन्हें अनुवादक न कहकर सहायक सम्पादक, उपसम्पादक आदि के पदनामों से भी जाना जाता है। कहीं-कहीं अनुवादक नाम से भी मीडिया में पद सृजित हैं, यहाँ तक कि उद्घोषक (एनाउंसर) भी अपने मौलिक स्वरूप में अनुवादक ही होता है। अतः अनुवाद और संचार व्यवस्था एक-दूसरे से ऐसे जुड़े हैं जैसे 'वाणी और अर्थ' अर्थात् इनका चोली-दामन का साथ है। इसलिए संचार माध्यम (मीडिया) के लिए अनुवाद का महत्त्व सर्वोपरि है, विशेष रूप से आज के अति गतिशील युग में संचार की गति के साथ-साथ अनुवाद का महत्त्व भी उतनी ही तेज़ी से बढ़ता जा रहा है।

तुलनात्मक अध्ययन और अनुवाद

तुलनात्मक अध्ययनों के लिए भी अनुवाद का स्थान महत्त्वपूर्ण होता है। यदि हमें किसी भी क्षेत्र में किन्हीं दो देशों या दो प्रान्तों के किसी विषय या ज्ञान राशि का अथवा सामाजिक, आर्थिक या अन्य क्षेत्र का तुलनात्मक अध्ययन करना हो तब भी अनुवाद का आश्रय लेना पड़ता है। यदि दो विभिन्न भाषा के साहित्यकारों या साहित्य की तुलना करनी हो तो अनुवाद के द्वारा ही हम यह कार्य सम्पन्न करते हैं। अतः तुलनात्मक अध्ययन के लिए अनुवाद का अत्यधिक महत्त्व है। आज साहित्य अकादमी जैसी प्रतिष्ठित संस्थाएँ इसके लिए विपुल अनुवाद करवा रही हैं तथा करोड़ों रुपये इस कार्य पर व्यय किये जा रहे हैं।

अनुवाद: ज्ञान वृद्धि का महत्त्वपूर्ण स्रोत

अनुवाद को ज्ञान-वृद्धि के महत्त्वपूर्ण स्रोत के रूप में भी देखा जाना चाहिए। अनुवाद तो विश्वज्ञान का झरोखा है। अनुवाद एक ऐसा वातायन है, जिससे समस्त विश्व के ज्ञान का आदान-प्रदान होता है। मुगलों और अंग्रेज़ों के आवागमन से पूर्व भारत पूर्णतः अपने ऋषियों, मुनियों और दार्शनिक विचारकों के ज्ञान पर ही केन्द्रित था। हमारी शिक्षा व्यवस्था में भी हमारे विचारकों के विचारों को समाहित करते हुए शिक्षा दी जाती थी, लेकिन मुगलों के आक्रमणों से भले ही हमारी सामाजिक, सांस्कृतिक विचारधारा को हानि पहुँची हो अथवा हमारी राष्ट्रीय अर्थव्यवस्था लचर हो गयी हो, परन्तु एक बात तो यह अच्छी हुई है कि अनुवाद की एक धारा शुरू हो गयी। अरबी, फारसी, अंग्रेज़ी व यूरोपीय जगत तथा एशिया से अनुवाद के माध्यम ने नये ज्ञान-विज्ञान का आगमन भारत में हुआ तथा भारत का ज्ञान विश्व के कोने-कोने तक पहुँचा।

धर्म प्रचार और अनुवाद

धर्म प्रचार के लिए अनुवाद का प्रयोग सदियों से होता आ रहा है। अनुवाद के क्षेत्र में ईसाई मिशनरियों तथा सूफी सन्तों का योगदान भी भुलाया नहीं जा सकता। विश्व के विभन्न भागों की शिक्षा, कला, संस्कृति, दर्शन, ज्ञान, विज्ञान को हमने अनुवाद द्वारा ही जाना। अतः अनुवाद एक ज्ञान वृद्धि के महत्त्वपूर्ण स्रोत के रूप में उभरा साथ ही भारत के प्राचीन ग्रन्थों, धर्मशास्त्र, दर्शन, आयुर्वेद आदि का विदेशों में प्रचार-प्रसार भी अनुवाद के माध्यम से ही हुआ। अतः यह निर्विवाद रूप से कहा जा सकता है कि अनुवाद जन-जन तक पहुँचने का सबसे महत्त्वपूर्ण एवं प्रभावी स्रोत है। इसी को ध्यान में रखते हुए धर्म प्रचारकों व समाज सुधारकों ने अनुवाद के माध्यम से अपने लक्ष्य को प्राप्त किया।

विपुल अनुवाद

भारतीय भाषाओं से विदेशी भाषाओं में व विदेशी भाषाओं से भारतीय भाषाओं से अनुवाद की लम्बी परम्परा विकसित हुई। साहित्य के क्षेत्र में भी अठारहवीं शताब्दी के पाँचवें दशक के उपरान्त साहित्य के छुटपुट अनुवाद प्रकाशित होने लगे थे। भारतेन्दु हरिश्चन्द्र व श्रीधर पाठक जैसे महान हिन्दी साहित्यकारों ने अंग्रेज़ी के महान साहित्यकारों, जैसे—शेक्सपियर आदि के साहित्य का अनुवाद किया। भारतेन्दु जी ने विलियम शेक्सपियर के नाटक मर्चेंट आफ वेनिस का अनुवाद किया था। वैसे तो बाइबल का अनुवाद संसार की अनेक भाषाओं में

हुआ है। यहाँ तक कि चीन की 70 भाषाओं में भी बाइबल का अनुवाद हुआ है। इसी प्रकार भारत के धार्मिक/साहित्यिक ग्रन्थों, वेदों, उपनिषदों, पंचतन्त्र आदि का अनुवाद भी विश्व की अनेक भाषाओं में हुआ है।

निष्कर्ष

उपरोक्त विवेचन से यही निष्कर्ष निकलता है कि अनुवाद जहाँ एक ओर ज्ञान का विशेष क्षेत्र है, वहीं दूसरी ओर अनुवाद की प्रासंगिकता सदैव बनी रहती है। यह सर्वकालिक ज्ञान की विधा है। इतना ही नहीं बल्कि अनुवाद, रोजगार और व्यवसाय के रूप में भी लाखों लोगों को जीविका प्रदान करता है तथा विश्व में यह करोड़ों/अरबों रुपये का व्यवसाय है। अतः व्यावसायिकता की दृष्टि से भी यह एक विराट क्षेत्र है। यह एक ऐसा व्यवसाय है, जिसमें आप स्वयं अपने ज्ञान में वृद्धि करते हैं और उसके लिए आपको पैसा कोई और देता है। अतः अनुवाद को एक व्यवसाय या जीविकोपार्जन के साधन के रूप में भी देखा जा सकता है।

अतः अनुवाद केवल ज्ञान प्रदान करने वाली या मन को आनन्द लेने वाली विधा ही नहीं है, बल्कि यह रोजगार के विपुल अवसर प्रदान कराने वाला विषय भी है। **इसलिए यह सर्वकालिक** है, सदाबहार है तथा सदा प्रासंगिक रहने वाला ज्ञान, विज्ञान व शिल्प है।

अनुवाद के उपकरण

कोश, पारिभाषिक शब्दावलियाँ, थिसारस, शब्दार्थ विचार कोश, कम्प्यूटर

अनुवाद के उपकरण

अनुवाद के उपकरणों के अन्तर्गत वे समस्त साधन आते हैं जिनकी आवश्यकता अनुवादक को अनुवाद करते समय पड़ती है। इन उपकरणों में विभिन्न प्रकार के काश व सहायक सामग्री आती हैं। इनकी संक्षिप्त जानकारी निम्नवत् है:

अनुवाद की प्रक्रिया समझ लेने के उपरान्त अब यह जानना जरूरी हो जाता है कि अनुवाद हेतु प्रमुख साधनों एवं उपकरणों पर चर्चा कर ली जाये। अनुवाद के साधनों, उपकरणों में सबसे महत्त्वपूर्ण साधन है—शब्दकोश। शब्दकोश के बिना अनुवादक अधूरा रह जाता है। अनुवाद हेतु प्रमुख साधन होते हुए भी कोशों के प्रयोग व कोश सम्बन्धी जानकारी के सम्बन्ध में अनुवादक प्रायः उदासीन रहते हैं। अतः कोश सम्बन्धी जानकारी अनुवादक के लिए अति महत्त्वपूर्ण मानी जाती है।

शब्दकोश का अर्थ प्रायः अर्थ बताने वाले कोश के रूप में ही समझा जाता है, परन्तु शब्दकोशों के अनेक प्रकार होते हैं। इनकी जानकारी निम्नवत् प्रस्तुत की जा रही है :

1. विश्वकोश : यह विश्व की महत्त्वपूर्ण जानकारियों को देने वाला कोश होता है। इसकी सहायता से हम अनेक जानकारियाँ प्राप्त कर सकते हैं, जैसे—इनसाइक्लोपीडिया, ब्रिटेनिका आदि।

2. बहुभाषा कोश : इस प्रकार के कोश में एक ही शब्द के अर्थ या पर्याय अनेक भाषाओं में दिये होते हैं। सबसे बड़ा बहुभाषा कोश भारत सरकार के सहयोग से प्रकाशित हुआ है। जिसमें मान्यता प्राप्त भारतीय भाषाओं के शब्द दिये हैं।

3. द्विभाषिक कोश : शब्दकोशों में यह सर्वाधिक प्रचलित प्रकार है। इसमें दो भाषाओं में शब्दों के अर्थ होते हैं। अर्थात् किसी एक भाषा के शब्दों के

अर्थ दूसरी भाषा में दिये जाते हैं, जैसे—हिन्दी-अंग्रेज़ी कोश, हिन्दी-कन्नड़ कोश, अंग्रेज़ी-बंगला कोश इत्यादि।

4. पारिभाषिक कोश : इस प्रकार के कोशों में किसी विषय से सम्बन्धित शब्दों की विस्तृत जानकारी दी जाती है। अर्थात् तकनीकी प्रकृति के शब्दों को समझने के लिए इस कोश का उपयोग किया जाता है, जैसे—भारतीय बैंक संघ द्वारा प्रकाशित बैंकिंग शब्दावली (भा.बैं.सं.), मनोविज्ञान परिभाषा कोश आदि। इनमें शब्दों के अर्थ व परिभाषा अथवा व्याख्या भी दी जाती है।

5. पारिभाषिक शब्दावली : ये शब्दकोश वस्तुतः विशिष्ट विषय से सम्बन्धित शब्दों के अर्थ/पर्याय दूसरी भाषा में बताने हेतु तैयार किये जाते हैं। इनका उपयोग सीमित होता है, अर्थात् किसी विशिष्ट विषय से सम्बन्धित व्यक्ति ही इनका उपयोग करते हैं; जैसे—बैंकिंग अनुवाद के लिए बैंकिंग शब्दावली का उपयोग किया जाता है, रेलवे के लिए भी अलग शब्दावली है। इसी प्रकार प्रत्येक क्षेत्र के लिए अलग-अलग शब्दावलियाँ उपयोग में लायी जाती हैं। इनकी सूची अन्त में दी गयी है।

6. विशिष्ट कोश : उक्त कोशों के अतिरिक्त कुछ ऐसे कोश भी होते हैं जो कि अलग-अलग उद्देश्य की पूर्ति करते हैं। इन कोशों का उपयोग भी सीमित होता है। इन कोशों में प्रमुख कोश निम्नवत् हैं:

(क) धार्मिक कोशः इस प्रकार के कोशों में धर्म, कर्मकाण्ड और पुराण वेदान्त जैसे विशिष्ट **शब्दों, स्थानों**, व्यक्तियों **आदि** के सम्बन्ध में जानकारी दी जाती है। ऐसे कई कोश बाज़ार में उपलब्ध होते हैं। (धार्मिक पुस्तक प्रकाशकों/विक्रेताओं के पास।)

(ख) पर्याय कोशः इस प्रकार के कोश में एक ही शब्द के पर्यायवाची दिये जाते हैं। हिन्दी में ऐसे कोश कई प्रतिष्ठित प्रकाशकों ने प्रकाशित किये हैं।

(ग) थिसॉरसः यह पर्याय कोश का विस्तारित रूप है। अर्थात् इसमें केवल पर्याय ही नहीं बल्कि शब्द से मिलते-जुलते अर्थ व समतुल्य शब्द व वैकल्पिक शब्द दिये जाते हैं अर्थात् एक ही शब्द की अनेक छायाएँ एक साथ एक ही स्थान पर दी जाती हैं ताकि विकल्प चयन में सुविधा हो। हिन्दी में दो प्रकार के थिसॉरस चल रहे हैं।

(घ) लोकोक्ति कोशः इस प्रकार के कोश में लोकोक्तियाँ, मुहावरे व सूक्तिपरक कथनों के अर्थ दिये जाते हैं। भारत में क्षेत्रीय भाषाओं में व हिन्दी में अनेक लोकोक्ति कोश प्रकाशित हो चुके हैं।

(ङ) उपभाषा या बोली कोशः विभिन्न प्रदेशों में बोली जाने वाली

उपभाषाओं व बोलियों के अपने-अपने शब्दकोश होते हैं। ऐसे कोश राज्य साहित्य अकादमियों द्वारा प्रकाशित किये गये हैं। हिन्दी की लगभग सभी बोलियों के कोश उपलब्ध हैं।

7. शब्दार्थ विचार कोश : पं. रामचन्द्र शुक्ल द्वारा सम्पादित शब्दार्थ विचार कोश जैसे कोश अर्थों के सूक्ष्म अन्तर को समझने में सहायक होते हैं। अतः प्रत्येक अनुवादक को इसका अवश्य अध्ययन व प्रयोग करना चाहिए।

8. अनुवाद एवं कम्प्यूटर पर शब्दावली : आज संचार क्रान्ति ने हमारे जीवन के हर क्षेत्र को छुआ है। इसलिए अनुवाद के क्षेत्र में भी कम्प्यूटर पीछे नहीं है। भारत सरकार के सहयोग से चलने वाली संस्था सी-डेक, पुणे ने एक ऐसा पैकेज तैयार किया है जो स्वयं अनुवाद करने में सक्षम है। इस पैकेज का नाम 'मन्त्र' रखा गया है। यह मन्त्र नाम का सॉफ्टवेयर भले ही अभी बाज़ार में परीक्षा स्तर पर उपलब्ध है क्योंकि अभी यह प्रायोगिक स्तर पर चल रहा है। इस पैकेज को अभी हाल ही में अन्तर्राष्ट्रीय पुरस्कार प्राप्त हुआ है। इस विषय में अधिक जानकारी के लिए इस पते पर सम्पर्क किया जा सकता है—डॉ. हेमन्त दरबारी, समन्वयक, सेंटर पर एडवांस कम्प्यूटिंग, पूना विश्वविद्यालय परिसर गणेश खिण्ड, पुणे, महाराष्ट्र।

अनुवाद के उपकरणों की दृष्टि से आज कम्प्यूटर का स्थान सर्वोपरि है क्योंकि इसमें आप अपनी आवश्यकता के अनुरूप शब्दावली भर सकते हैं। अपनी जरूरत के मुताबिक पदबन्ध तैयार कर सकते हैं व उनका तत्काल अनुवाद प्राप्त कर सकते हैं। संकल्पनामूलक शब्दों का इंटरनेट के माध्यम से सही अर्थ जान सकते हैं। अतः आजकल कम्प्यूटर अनुवादकों हेतु भी महत्त्वपूर्ण-उपकरण बनता जा रहा है।

वैज्ञानिक तथा तकनीकी साहित्य का अनुवाद

आधुनिक युग विज्ञान का युग है। ज्ञान-विज्ञान के क्षेत्र में जो प्रगति हो रही है, उससे आज का विश्व छोटा होता जा रहा है। आज हम भौगोलिक सीमाओं को पार करते हुए बृहत्तर सम्बन्धों को जोड़ रहे हैं। इसमें व्यक्ति के समग्र ज्ञान का क्षितिज विस्तृत हो रहा है और उनका सम्बन्ध अन्य भाषा-भाषी समुदायों से जुड़ रहा है, जो विश्वबन्धुत्व की भावना पैदा करने में सहायक है। इसके साथ ही ज्ञान के विश्वव्यापी प्रसार से मानव चेतना के नये आयामों में विस्तार हुआ है। भाषायी सीमाओं को लाँघते हुए हम अनुभव करते हैं कि अपनी भाषा से अन्य किसी भाषा का ज्ञान का अर्थ है तीसरी आँख या तीसरे कान का होना। यह तीसरी आँख या तीसरे कान की उपलब्धि अनुवाद से ही सम्भव है, जो हमें अन्य भाषाओं में ज्ञान-विज्ञान के क्षेत्र में हो रहे कार्यों का परिचय देता है।

विश्वभर में ज्ञान-विज्ञान की चेतना से मानवीय ज्ञानात्मक और भावनात्मक संवेदना को अनुवाद ने बदला है। वैचारिक आदान-प्रदान की चेतना से सामाजिक वैचारिकता के लिए भूमि तैयार करना अनुवाद का महत्त्वपूर्ण कार्य है। आधुनिक नवजागरण काल में पश्चिम के नये ज्ञान-विज्ञान से हमारे ज्ञान और चेतना के विकास में अनुवाद ही सम्बल रहा है।

हमारा आज का समय वैज्ञानिक-तकनीकी एवं प्रौद्योगिकी का है। सूचना-क्रान्ति ने ज्ञान-विज्ञान के साहित्य के प्रचार-प्रसार को नये आयाम प्रदान किये हैं। वैश्वीकरण में विश्व एक विश्वग्राम में तब्दील हुआ है। इसीलिए अन्य चीज़ों की तरह आज ज्ञान-विज्ञान का आदान-प्रदान अधिक सहज हुआ है। ऐसी स्थिति में 'अनुवाद' एक प्रधान माध्यम बन गया है। एक समय था अनुवाद को दोयम अथवा गौण स्थान दिया जाता था, लेकिन ज्ञान-विज्ञान के क्षेत्र में अब वह प्रथम स्थान पर है। विश्व के सभी विकसित देशों की राजनैतिक, सामाजिक, सांस्कृतिक, आर्थिक, वैज्ञानिक तथा औद्योगिक प्रगति में अनुवाद की उल्लेखनीय भूमिका रही है। आज विज्ञान के तेजी से बदलते हुए विश्व में प्रौद्योगिकी, चिकित्सा, कृषि

आदि क्षेत्र में हो रहे नये-नये आविष्कारों और अनुसन्धानों से जुड़े रहने के लिए अनुवाद सबसे बड़ा साधन है। इस परमाणु शक्ति के युग में प्रत्येक शक्तिशाली राष्ट्र अन्य राष्ट्र की सामरिक गतिविधियों पर पूरी-पूरी निगरानी रखता है और ऐसी स्थिति में अनुवाद का महत्व बढ़ जाता है। वास्तव में विश्व की कम होती दूरियों में अनुवाद की उपयोगिता, प्रासंगिकता और महत्व में वृद्धि हो रही है।

वैज्ञानिक-तकनीकी साहित्य पुस्तक, शोध-पत्र, शोध-पत्रिकाओं, कोशों, विश्वकोशों तथा संचार माध्यमों की वैज्ञानिक-तकनीकी सामग्री आदि के रूप में उपलब्ध होता है। वैज्ञानिक-तकनीकी क्षेत्र में नये-नये आविष्कार तथा नयी-नयी टेक्नोलॉजी विकसित होती है। वैज्ञानिक-तकनीकी के क्षेत्र में जो देश प्रगत है, उस देश की भाषा में वैज्ञानिक साहित्य मौलिक रूप में लिखा जाता है। लेकिन जो देश इस क्षेत्र में अप्रगत हैं, उन्हें प्रगत देशों के वैज्ञानिक-तकनीकी साहित्य का अनुवाद बड़े पैमाने पर करना पड़ता है। विज्ञान तकनीकी की व्याप्ति को देखते हुए कहा जा सकता है कि कोई प्रगत देश भी इस क्षेत्र में अपने आपमें स्वयं पूर्ण नहीं हो सकता। विभिन्न देशों द्वारा अर्जित वैज्ञानिक-तकनीकी ज्ञान प्रगत देशों को भी अनुवाद के माध्यम से प्राप्त करने की आवश्यकता होती है। अतः स्पष्ट है, वैज्ञानिक-तकनीकी साहित्य में अनुवाद की अहम भूमिका है।

वैज्ञानिक तकनीकी साहित्य अनुवाद की समस्याएँ

वैज्ञानिक-तकनीकी साहित्य के अनुवाद में प्रमुखतः चार समस्याएँ आ जाती हैं।

1. पारिभाषिक शब्दावली की समस्या
2. विषय ज्ञान की समस्या
3. भाषा-ज्ञान की समस्या
4. भाषा-शैली की समस्या।

1. पारिभाषिक शब्दावली की समस्या : वैज्ञानिक-तकनीकी लेखन तथ्यात्मक होता है। सुस्पष्टता और परिशुद्धता उसके आवश्यक गुण हैं। वैज्ञानिक विषयों के विवेचन-विश्लेषण में वस्तुनिष्ठता होती है। इसीलिए पारिभाषिक शब्दावली उसका अभिन्न अंग है। जिन भाषाओं में मौलिक साहित्य लखेन होता है, उन भाषाओं में पारिभाषिक शब्दावली का पर्याप्त विकास पाया जाता है। ऐसी भाषाओं में वैज्ञानिक तकनीकी अनुवाद में पारिभाषिक शब्दावली की समस्या नहीं होती है। प्रायः देखा जाता है कि वैज्ञानिक-तकनीकी ज्ञान क्षेत्र में विकसित देशों में ही अधिकतर मौलिक साहित्य लिखा जाता है। पश्चिमी देश तथा चीन-एशिया जैसे अन्य देशों में वैज्ञानिक तकनीकी विकास चरम स्थिति में है। इसीलिए उन देशों

की भाषा में वैज्ञानिक-तकनीकी पारिभाषिक शब्दावली भी सम्पन्न है। विकासशील देशों की भाषा में वैज्ञानिक-तकनीकी पारिभाषिक शब्दावली के लिए विशेष रूप से प्रयास करने पड़ते हैं। हिन्दी तथा भारतीय भाषाओं की पारिभाषिक शब्दावली की समृद्धि के लिए डॉ. रघुवंश जैसे व्यक्ति और नागरी प्रचारिणी सभा आदि संस्थाओं ने अपना योगदान दिया है। वैज्ञानिक-तकनीकी शब्दावली के प्रयास से हमारी पारिभाषिक शब्दावली भी समृद्ध हो गयी है, परन्तु जिस गति से विज्ञान तथा तकनीकी-प्रौद्योगिकी का विकास हो रहा है, उस अनुपात में हमारी पारिभाषिक शब्दावली का विकास नहीं हो पाया है। इसीलिए अनुवाद को नयी शब्दावली का निर्माण भी करना पड़ता है। इस दृष्टि से पारिभाषिक शब्दावली से सम्बन्धित अनुवाद की प्रमुख तीन समस्याएँ हैं–

1. शब्द-प्रयोग की समस्या, 2. पारिभाषिक शब्दों के अनुवाद की समस्या, 3. संक्षिप्तियों की समस्या।

पारिभाषिक शब्दों के प्रयोग की समस्या इसीलिए उत्पन्न हुई है कि हमारी पारिभाषिक शब्दावली में बहुविकल्पता का दोष है। हमारे यहाँ पारिभाषिक शब्दावली निर्माण के प्रयास मुख्यतः चार दृष्टियों से हुए हैं–1. राष्ट्रीय या संस्कृतवादी, 2. शब्द-ग्रहण या अन्तर्राष्ट्रीयतावादी, 3. प्रयोगवादी या लोकवादी, 4. मध्यम मार्गी या समन्वयवादी। दृष्टिभेद के कारण पारिभाषिक शब्दावली में नियतार्थता का गुण बाधित हुआ है। ऐसे कई शब्द हैं, जो एक अर्थ या संकल्पना को व्यक्त करते हैं, ऐसे समय में अनुवादक अपनी इच्छा के अनुसार पारिभाषिक शब्दों का प्रयोग करने लगता है। इस समस्या से निजात पाने के लिए 'वैज्ञानिक तकनीकी शब्दावली आयोग' ने महत प्रयास से विज्ञान तथा तकनीकी विषय का विशेष कोश प्रकाशित किया है।

पारिभाषिक शब्दावली की दूसरी समस्या है स्रोत भाषा के पारिभाषिक शब्दावली के लक्ष्य भाषा में अनुवाद की। बहुत बार अनुवादक अपनी ओर से कोई प्रतिशब्द देने का प्रयास करता है। इस समस्या को सुलझाने के लिए वैज्ञानिक तकनीकी शब्दावली आयोग ने नयी शब्दावली निर्माण के लिए सिद्धान्त निरूपित किये हैं। उनके आधार पर नये शब्दों का निर्माण किया जा सकता है। इस सम्बन्ध में डॉ. भोलानाथ तिवारी ने सुझाव दिया है कि, "अनुवादक को या तो स्रोत भाषा के पारिभाषिक शब्द का अपनी भाषा की प्रकृति के अनुसार अनुकूलन कर लेना चाहिए या तथाकथित अन्तर्राष्ट्रीय शब्दावली से या किसी अन्य नयी या पुरानी भाषा से शब्द ले लेना चाहिए या अपनी भाषा के शब्दों, धातुओं, उपसर्गों, प्रत्ययों आदि के आधार पर नये शब्द बना लेने चाहिए।"

पारिभाषिक शब्दावली की समस्या हमारी भाषाओं की नहीं, हमारी संकीर्ण मानसिकता की है। हमारी भाषाओं की प्रकृति इतनी सृजनशील है कि नये-नये शब्दों का निर्माण बड़ी सहजता के साथ हो सकता है।

पारिभाषिक शब्दावली की समस्या से जुड़ी एक और समस्या है संक्षिप्तियों की। विज्ञान में संक्षिप्तियों का विशेष महत्व है। विज्ञान में लम्बे नामों या पारिभाषिक शब्दों को संकेत रूप में लिखा और प्रयोग किया जाता है।

जैसे—AWACS = Airborne Warning and Control System;

INSAT = Indian Communciation Satellite Program;

Chips = Calculator Help in Processing Signals;

NASA = National Aeronautics & Space Administration;

Bit = Binary Digit;

RADAR = Radial Detection and Ranging;

HARM = Higher Speed Anti Radiation Missile, आदि।

इस तरह की संक्षिप्तियाँ वैज्ञानिक-तकनीकी भाषा में पर्याप्त मात्रा में प्रयुक्त होती हैं। कम्प्यूटर-इंटरनेट के क्षेत्रों में तो निरन्तर ऐसे शब्द बढ़ रहे हैं। अन्तरिक्ष विज्ञान और चिकित्सा विज्ञान के क्षेत्र में भी संक्षिप्तियों की निरन्तर वृद्धि हो रही है। कम-से-कम शब्दों में अधिक-से-अधिक सांकेतिक अर्थों को भरकर प्रयोग करने की यह विधि उपादेय है। ऐसे शब्दों को लिप्यंतरित रूप में ज्यों-के-त्यों रूप में प्रयोग करना ही उपयुक्त होता है। जैसे—इनसेट, चीप्स, नासा, बिट, रडार आदि।

2. विषय ज्ञान की समस्या : किसी भी तरह के अनुवाद के लिए अनुवाद-सामग्री के विषय का समग्र ज्ञान आवश्यक होता है। साहित्य की कोई रचना का सफल अनुवाद वही कर सकेगा जिसके पास रचना का विशेष ज्ञान होगा। इसके अभाव में अनुवादक शाब्दिक अनुवाद करने लगता है। वैज्ञानिक-तकनीकी साहित्य का सफल अनुवाद वही कर सकेगा, जो उस विषय की गहरी पैठ रखता हो। इसीलिए वैज्ञानिक साहित्य का अनुवाद करने के लिए सम्बन्धित विज्ञान शाखा का अध्ययन आवश्यक हो जाता है।

पाश्चात्य देशों के वैज्ञानिक अपने वैज्ञानिक चिन्तन को अपनी मातृभाषा में व्यक्त करते हैं और साथ ही अंग्रेज़ी में उसका अनुवाद स्वयं करते हैं। इस तरह के अनुवाद अधिक प्रामाणिक माने जाते हैं। अपने देश में वैज्ञानिक अपनी मातृभाषा में कम अंग्रेज़ी में ही अधिक मात्रा में लिखते हैं। इसका प्रमुख कारण यह है कि उसने सम्पूर्ण शिक्षा अंग्रेज़ी माध्यम से पायी होती है। अनुवादक को विषय का जानकार होना चाहिए, यह आदर्श है। लेकिन अनुवादक सभी विषयों

का ज्ञाता नहीं हो सकता और विषय के सामान्य ज्ञान के आधार पर वह सफल अनुवाद नहीं कर पाता। विज्ञान और तकनीकी क्षेत्र तो और भी जटिल हैं। ऐसी स्थिति में 'सहयोगिता अनुवाद' का रास्ता अपनाना अधिक समीचीन होता है। विज्ञान तथा तकनीकी विषय के अध्येताओं के सहयोग से अनुवाद–'सहयोगिता अनुवाद' कहा जाता है।

3. भाषा ज्ञान की समस्या: अनुवादक स्रोत और लक्ष्य दोनों भाषाओं का गहन अध्येता होना चाहिए। भाषा के साथ ही भाषा की विभिन्न प्रयुक्तियों और प्रकायों का भी वह ज्ञाता होना चाहिए। प्रत्येक भाषा की अपनी प्रकृति होती है, ध्वनि, पदबन्ध, वाक्यांश, वाक्य आदि स्तर पर अपनी व्यवस्था होती है। पारिभाषिक शब्दों के अनुवाद में तथा सम्पूर्ण अनुवाद-लेखन में भाषा की प्रकृति का ध्यान न रखा गया तो अनुवाद अटपटा, क्लिष्ट और दुर्बोध बन जाता है।

4. भाषा शैली की समस्या: वैज्ञानिक-तकनीकी साहित्य तथ्य प्रधान साहित्य है। स्पष्टता और पूर्णता उसकी अनिवार्य विशेषता है। संदिग्धता, अस्पष्टता, द्वैयर्थता, लाक्षणिकता के लिए यहाँ कोई स्थान नहीं होता। यहाँ शैली नहीं तथ्य प्रधान होता है। इसीलिए वैज्ञानिक अनुवाद की भाषा अत्यन्त सरल तथा अभिधा-प्रधान होनी चाहिए। वैज्ञानिक अनुवाद एक निर्वैयक्तिक कर्म है। अनुवादक न तो अपनी मान्यताएँ लाद सकता है और न उमसें मनमाना परिवर्तन कर सकता है। अनुवाद का आदर्श है–न कुछ छोड़ना, न कुछ जोड़ना। यह कार्य उतना सहज नहीं है। इसीलिए भाषा-शैली की समस्या निर्मित हो जाती है। सपाट बयानी वैज्ञानिक साहित्य की विशेष शैली होती है।

संक्षेप में वैज्ञानिक साहित्य के अनुवाद की समस्या का केन्द्र पारिभाषिक शब्दावली है और उसका हल किया जा सकता है, बशर्ते कि उसे हल करने की प्रामाणिक मानसिकता होनी चाहिए।

वैज्ञानिक अनुवाद के नमूने

गणित से

1. A finite point set has no limit point. इस वाक्य में अगर has का अनुवाद 'में' कर दिया जाये तो एकदम गलत होगा। यहाँ has का अनुवाद 'के' करना होगा–'परिमित समुच्चय के सीमा-बिन्दु नहीं होते।' इसी तरह Since P has limit points, P must be infinite. में भी has का रूपान्तर 'के' होगा, 'में' नहीं। विषय को न जानने वाला 'में' अनुवाद कर देगा जो गलत होगा।

2. Let (sn) be a sequence containing all rationals. इसका अनुवाद होगा–'मान लीजिए (sn), सब परिमेय संख्याओं का अनुक्रम है।' यहाँ containing का अर्थ यह नहीं है कि परिमेय संख्याएँ शामिल हैं और उनके अलावा भी कुछ और संख्याएँ हैं।

3. एक वर्गाकार आधार व ऊर्ध्वाधर दीवारों वाली ऊपर से खुली एक टंकी को धातु की चादर से बनाया जाना है ताकि वह एक दिये गये पानी की मात्रा को जमा रख सके। दर्शाइए कि टंकी को बनाने का व्यय न्यूनतम होगा जबकि टंकी की गहराई उसकी चौड़ाई की आधी हो। यदि इस पानी को पास में रहने वाले कम आय वाले लोगों के परिवारों को उपलब्ध कराना हो तथा उसके बनाने का व्यय इन्हीं परिवारों को देना हो, तो इस प्रश्न में क्या मूल्य दर्शाया गया है ?

An open tank with a square base and vertical sides is to be constructed from a metal sheet so as to hold a given quantity of water. Show that the cost of material will be least when depth of the tank is half of its width. If the cost is to be borne by nearby settled lower income families, for whom water will be provided, what kind of value is hidden in this question ?

4. वक्र $16x^2 + 9y^2 = 145$ के बिन्दु (x_1, y_1) पर स्पर्श-रेखा तथा अभिलंब के समीकरण ज्ञात कीजिए, जहाँ $x_1 = 2$ तथा $y_1 > 0$ है।

Find the equations of the tangent and the normal, to the curve $16x^2 + 9y^2 = 145$ at the point (x_1, y_1), where $x_1 = 2$ and $y_1 > 0$.

5. **वह अंतराल ज्ञात कीजिए जिन पर फलन** $f(x) = \frac{x^4}{4} - x^3 - 5x^2 + 24x + 12$ **(अ) निरंतर वर्धमान है, (ब) निरंतर ह्रासमान है।**

Find the intervals in which the function $f(x) = \frac{x^4}{4} - x^3 - 5x^2 + 24x + 12$ is (a) strictly increasing, (b) strictly decreasing.

भौतिकी से

लेंस घुमावदार सतहों वाली काँच या साफ प्लास्टिक जैसी पारदर्शी सामग्री से बने होते हैं। लेंस मुख्यतः दो प्रकार के होते हैं। अवतल/अपसारी लेंस अपने केन्द्रों की तुलना में किनारों पर मोटे होते हैं जिससे उनमें से गुजरने वाली किरणें फैल जाती हैं। उत्तल/अभिसारी लेंस अपने किनारों की तुलना में केन्द्र में अधिक मोटे होते हैं तथा आरम्भिक दिनों में बनाये गये लेंसों में से एक हैं। इसके उदाहरण

दो हज़ार साल पहले के हैं। दसवीं सदी में कमजोर दृष्टि वाले लोगों को पहले से बेहतर देखने में सहायता करने के लिए इन लेंसों का प्रयोग चश्मों में किया गया।

इन दिनों अभिसारी लेंसों का प्रयोग चश्मों के साथ-साथ कई अन्य उपकरणों में किया जाता है। छोटी वस्तुओं को बड़ा दिखाने, दूर की वस्तुओं को नजदीक दिखाने के लिए आवर्धक लेंस, सूक्ष्मदर्शी, कुछ प्रकार की दूरबीनों में अभिसारी लेंस का प्रयोग किया जाता है। अभिसारी लेंस आवर्धित होते हैं। वे अपने में से गुजारने वाली प्रकाश किरणों को झुकाकर एक बिन्दु पर केन्द्रित करते हैं। यह बिन्दु फोकस (बिन्दु) कहलाता है। जो अभिसारी लेंस केन्द्र में जितना मोटा होता है वह उतना ही आवर्धित करता है तथा फोकस लेंस के उतना ही समीप होता है।

Lenses are objects made of transparent materials such as glass or clear plastic that has curved surfaces. There are two main kinds of lenses. Diverging lenses are thicker at their edges than in their centres and they make light rays passing through them spread out. Converging lenses are thicker in the middle than at their edges and were the earliest kind of lens made. The earliest examples of these date back two thousand years. They have been used in spectacles to help people with poor vision see better since at least the tenth century.

These days, as well as being used in spectacles, converging lenses are used in many other devices. Magnifying glasses, microscopes and some types of telescopes use converging lenses to make small things appear much larger or to make distant objects appear much closer. Converging lenses magnify by bending the rays of light that pass through them to meet at a point. This point is called the focus. The thicker that a converging lens is in its centre, the more it magnifies and the closer the focus is to the lens.

कैमेरा या मैग्निफाईंग शीशे में इस्तेमाल होने वाले एकल अभिसारी लेंस की आवर्धक, मूल्य वस्तु की लम्बाई से विभाजित, बढ़ी हुई छवि की लम्बाई के बराबर होती है। उदाहरण के लिए यदि 2 सेमी. बीटल मैग्निफाईंग शीशे से देखने पर 6 सें.मी. लम्बा दिखता है तो शीशे की मैग्निफाईंग पावर 3 है। (जिसे "3x" लिखा जाता है)

इसी तरह, एक 10x लेंस एक वस्तु को 10 गुना लम्बा दिखाएगा। वह 10 गुना चौड़ा भी दिखेगा।

The magnifying power of a single converging lens such as that used in a camera or magnifying glass is equal to the length of the enlarged image divided by the length of the original object. For example, if a 2 cm long beetle appears to be 6 cm. long when viewed through a magnifying glass, the glass magnifying power is 3 (written as "3x"). Similarly, a 10x lens would make an object look 10 times longer. It will also look 10 time wider.

किसी प्रत्यावर्ती धारा (ac) जनित्र का सिद्धान्त लिखिए और नामांकित आरेख की सहायता से इसकी क्रियाविधि की व्याख्या कीजिए। घूर्णन अक्ष के लम्बवत् दिशिक किसी चुम्बकीय क्षेत्र में $\vec{B}$ नियत कोणीय चाल 'ω' से घूर्णन करने वाली N लपेटों और अनुप्रस्थ-काट क्षेत्रफल A की किसी कुण्डली में प्रेरित विद्युत्-वाहक बल (emf) के लिए व्यंजक प्राप्त कीजिए।

State the principle of an ac generator and explain its working with the help of a labelled diagram. Obtain the expression for the emf induced in a coil having N turns each of cross-sectional area rotating, with a constant angular speed 'ω' in a magnetic field $\vec{B}$, directed perpendicular to the axis of rotation.

कोई वायुयान 900 km/hour के वेग से क्षैतिजतः पश्चिम से पूर्व की ओर उड़ रहा है। 20 m विस्तार की इसकी पंखुड़ियों के सिरों के बीच विकसित विभवान्तर परिकलित कीजिए। पृथ्वी के चुम्बकीय क्षेत्र का क्षैतिज घटक 5×10^{-4} T और नति कोण 30° है।

An aeroplane is flying horizontally from west to east with a velocity of 900 km/hour. Calculate the potential difference developed between the ends of its wings having a span of 20 m. The horizontal component of the Earth's magnetic field is 5×10^{-4} T and the angle of dip is 30°.

गीता के विद्यालय के शिक्षक विद्यार्थियों को शैक्षिक भ्रमण के लिए शहर से लगभग 200 km की दूरी पर स्थित संयंत्र पर ले गये। शिक्षक महोदय ने बताया कि प्रत्यावर्ती धारा (ac) के रूप में विद्युत् ऊर्जा का प्रेषण इतनी लम्बी दूरियों तक शहरों में किया जाता है। प्रत्यावर्ती धारा को उच्च वोल्टता तक उठाया जाता है तथा शहरों में ग्राही स्थानों पर युक्तियों का प्रचालन करने के लिए वोल्टता को घटाया जाता है। इसके परिणामस्वरूप ऊर्जा की बहुत कम हानि होती है। गीता ने शिक्षक महोदय की बात को ध्यानपूर्वक सुना और प्रत्यावर्ती धारा को कम अथवा अधिक वोल्टता में करने के विषय में उनसे प्रश्न पूछे।

The teachers of Geeta's school took the students on a study trip to a power generating station, located nearly 200 km away from the city. The teacher explained that electrical energy is transmitted over such a long distance to their city, in the form of alternating current (ac) raised to a high voltage. At the receiving end in the city, the voltage is reduced to operate the devices. As a result, the power loss is reduced. Geeta listened to the teacher and asked questions about how the ac is converted to a higher or lower voltage.

पारिस्थितिक विज्ञान से

वायु-प्रदूषण के कारण देश के अनेक शहरों में वायु की गुणवत्ता के गिरते स्तर को लेकर नागरिक बहुत अधिक चिंतित हैं एवं अपने स्वास्थ्य को लेकर परेशान भी हैं। जिन शहरों में वायु की गुणवत्ता अत्यन्त खतरनाक स्तर तक पहुँच चुकी है, उनमें चिकित्सकों ने स्वास्थ्य आपात घोषित कर दिया है।

Looking at the deteriorating air quality because of air pollution in many cities of the country, the citizens are very much worried and concerned about their health. The doctors have declared health emergency in the cities where the air quality is very severely poor.

इस तरह वैज्ञानिक साहित्य के अनुवाद के लिए विषय का ज्ञान अनिवार्यतः आवश्यक है। इसका आशय यह हुआ कि वैज्ञानिक साहित्य के अनुवाद को विषय का तथा दोनों भाषाओं का जानकार होना चाहिए। यदि ऐसा व्यक्ति न मिले तो पहले विषय के जानकार (जो विषय तथा स्रोत भाषा को ठीक से जानता हो) से उसका अनुवाद कराकर, लक्ष्य भाषा के अच्छे जानकार से अनुवाद का पुनरीक्षण (वेटिंग) करा लेना चाहिए। इस प्रकार वैज्ञानिक साहित्य का अनुवाद विषय के जानकार तथा लक्ष्य भाषा के जानकार के सहयेाग से अच्छा हो सकता है। हिन्दी में ऐसे काफी सहयोगित अनुवाद हुए हैं।

वैज्ञानिक अनुवाद बहुत स्पष्ट तथा पूर्ण होना चाहिए। सृजनात्मक साहित्य में तो अस्पष्टता भी कभी-कभी गुण होती है, किन्तु वैज्ञानिक साहित्य में यह सबसे बड़ा दुर्गुण है। इसी तरह सृजनात्मक साहित्य में बहुत-कुछ पाठक की कल्पना के लिए अनकहा भी छोड़ देते हैं। आनन्द के उद्देश्य से पढ़ने वाला पाठक उसे जानने के लिए कल्पना के घोड़े दौड़ाकर आनंदित होता है। किन्तु वैज्ञानिक साहित्य में ऐसा नहीं होना चाहिए। वैज्ञानिक साहित्य के अनुवादक को अपना अनुवाद इतना स्पष्ट और पूर्ण करना चाहिए कि पाठक को मूल सामग्री में दी गयी सूचना अपरिवर्तित तथा पूर्णरूप से बिना किसी कठिनाई के प्राप्त हो सके।

वैज्ञानिक अनुवाद की भाषा अत्यन्त सरल तथा अभिधा प्रधान होनी चाहिए। यदि अनुवादक ने लक्षणा या व्यंजना लाने का यत्न किया तो उसमें दुरूहता और संदिग्धता आ जायेगी।

पुराने ज़माने में भारत, अरब तथा यूरोप में वैज्ञानिक साहित्य पद्य में भी लिखा जाता था। हिन्दी में मध्यकाल की अनेक पाण्डुलिपियाँ ऐसी हैं जो ज्योतिष, चिकित्सा आदि का विवेचन छन्दों में करती हैं। आधुनिक काल में लोगों का ध्यान छन्दबद्धता या साहित्यिक शैली की असुविधा की ओर गया और रॉयल सोसायटी ने इसके विरुद्ध आवाज़ उठाई और इस बात को बल के साथ प्रचारित किया कि वैज्ञानिक साहित्य की भाषा सरल, स्पष्ट तथा असंदिग्ध होनी चाहिए तथा उसे गद्य में लिखा जाना चाहिए।

वैज्ञानिक साहित्य के अनुवादक को शब्द-चयन विशेष तो नहीं करना पड़ता, किन्तु यदि करना पड़े तो उसे ऐसे शब्दों को ही चुनना चाहिए जिनका अर्थ-पूर्णतः निश्चित हो। अर्थ में किसी भी प्रकार की द्वयत्ता/दुविधा की गुंजाइश न हो। साथ ही पूरे अनुवाद में एक शब्द का भरसक एक ही अर्थ में प्रयोग करना चाहिए।

प्रतीक-चिह्न (सिम्बल) वही रखने चाहिए जिससे लक्ष्य भाषा-भाषी परिचित हों। यदि कोई नया सिंबल हो तो यथास्थान उसे स्पष्ट कर देना चाहिए।

यदि किसी परिभाषित शब्द या सिम्बल का प्रयोग कोई अनुवादक किसी नये अर्थ में करने के लिए बाध्य है तो यथास्थान इसका स्पष्ट संकेत करके ही उसे ऐसा करना चाहिए।

वैज्ञानिक साहित्य का अनुवाद कुछ अपवादों को छोड़कर पूर्ण अनुवाद होता है—मूल का सच्चा प्रतिनिधि। उसमें न तो कुछ छूटता है और न कुछ जुड़ता है।

कार्यालयी अनुवाद

सामान्यतः कार्यालयों के प्रशासनिक कामकाजी साहित्य का अनुवाद कार्यालयी अनुवाद कहा जाता है। मोटे रूप में इसमें प्रशासनिक कार्यालय, डाक-तार-कार्यालय, रेल कार्यालय, सैनिक या अर्ध सैनिक कार्यालय, आकाशवाणी-दूरदर्शन कार्यालय, निर्माण कार्यालय, अन्य देशों से करार आदि से सम्बद्ध कार्यालय, शिक्षा से सम्बद्ध कार्यालय, संसदीय कार्यालय आदि कार्यालयों के कामकाजों में प्रयुक्त अंग्रेज़ी साहित्य का हिन्दी अनुवाद 'कार्यालयी अनुवाद' के अन्तर्गत आ जाते हैं।

कार्यालयी अनुवाद के प्रकार

कार्यालयी अनुवाद को प्रमखुता दो वर्गों में विभाजित किया जा सकता है– 1. सांविधिक अनुवाद तथा 2. असांविधिक अनुवाद।

1. सांविधिक अनुवाद : यह स्थायी प्रकृति उस सामग्री का अनुवाद है जिसके अन्तर्गत संविधान, अधिनियम, अध्यादेश, बिल, सांविधानिक नियमावलियाँ तथा उनके अधीन बनाये गये फार्मों, करारों का हिन्दी तथा अन्य भारतीय भाषाओं में अनुवाद होता है। ये सभी अनुवाद विधि की भाषा में होते हैं। विधि की भाषा बड़ी ही जटिल होती है। विधि की शब्दावली भी बड़ी कठिन होती है। एक-एक शब्द अपने विशिष्ट अर्थ, विशिष्ट संकल्पना, विधानांग की अनुमति और शक्ति से ओत-प्रोत होती है। साथ ही इसके वाक्य सम्मिश्र और संयुक्त होते हैं अर्थात् एक ही वाक्य में कई उपवाक्य होते हैं। सांविधिक अनुवाद की विस्तृत चर्चा 'विधि की हिन्दी' अध्याय में की गयी है।

2. असांविधिक अनुवाद : विधि तथा न्याय-व्यवस्था से सम्बन्धित साहित्य को छोड़कर शेष जितनी भी स्थायी सामग्री है उसके अनुवाद को असांविधिक अनुवाद कहा जाता है। इस अनुवाद की सामग्री को कार्याविधि साहित्य भी कहा जाता है। असांविधिक अनुवाद को तीन उपवर्गों में बाँटा जा सकता है–1. गैरतकनीकी

सामग्री का अनुवाद, 2. तकनीकी सामग्री का अनुवाद और 3. अस्थायी महत्त्व की सामग्री का अनुवाद।

(1) **गैरतकनीकी सामग्री का अनुवादः** इसके अन्तर्गत सामान्य नियमावलियाँ, फार्म तथा रजिस्टर आदि साहित्य आ जाते हैं।

(2) **तकनीकी सामग्री का अनुवादः** इसके अन्तर्गत उन मैनुअलों या नियम-पुस्तिकाओं का समावेश होता है, जिनमें अनेक ऐसी संकल्पनाएँ होती हैं जो विशेष प्रकार की होती हैं, जिन्हें अनुवाद करने के लिए सम्बन्धित विभाग के विशेषज्ञों की सहायता की आवश्यकता होती है। ऐसे अनुवाद में या तो सम्बन्धित विभाग की सहायता ली जाती है या पुनरीक्षण के समय सहयोग प्राप्त किया जाता है। अब इस तरह के अनुवाद सम्बन्धित विभाग द्वारा ही करवाये जाते हैं। विशेषकर डाक-तार बोर्ड, रेल मन्त्रालय तथा रक्षा मन्त्रालय के प्रशासनिक तथा विधितर साहित्य का अनुवाद इनके विभागों को स्वयं करना पड़ता है, लेकिन शब्दावली की एकरूपता बनाये रखने के लिए अनूदित सामग्री का पुनरीक्षण केन्द्रीय अनुवाद ब्यूरो द्वारा ही होता है।

(3) **अस्थायी महत्त्व की सामग्री का अनुवादः** स्थायी सामग्री अर्थात विधि साहित्य आदि के अतिरिक्त संकल्पों, सामान्य आदेश, अधिसूचनाएँ, प्रेस-विज्ञप्तियाँ, प्रकाशन रिपोर्ट, संसद के दोनों सदनों के समक्ष प्रस्तुत की जानेवाली सभी प्रकार की सामग्री और करार आदि का अनुवाद इसके अन्तर्गत आ जाता है। यह अनुवाद सम्बन्धित मन्त्रालय, विभाग, कार्यालय, उपक्रम, निगम तथा कम्पनी आदि में ही किया जाता है। इस कार्य के लिए हिन्दी अधिकारी तथा उपयुक्त कर्मचारियों की व्यवस्था की जाती है।

कार्यालयी अनुवाद की समस्याएँ

कहा जाता है कि विधितर अर्थात असांविधिक साहित्य का अनुवाद सरल है। प्रशासनिक पारिभाषिक शब्दावली तैयार है, अतः अनुवाद में अधिक समस्याएँ नहीं होनी चाहिए। लेकिन वास्तविकता इससे अलग है। डॉ. भोलानाथ तिवारी ने कार्यालयी अनुवाद की प्रमुख समस्याएँ तीन मानी हैं। उनके अनुसार—'कार्यालयी अनुवाद मुख्यतः सूचना प्रधान साहित्य का होता है, अतः इसमें शैली की कोई खास उस तरह की समस्या नहीं उठती जो ललित साहित्य में उठती है। इसमें मुख्य समस्या पारिभाषिक शब्दों की होती है। यदि अनुवादक के पास इन शब्दों का पर्याप्त भण्डार हो तो उसका काम सरल हो सकता है। एक दूसरी समस्या वाक्य रचना की भी होती है। इसका कारण यह है कि अंग्रेज़ी-हिन्दी दो भिन्न

प्रकृति की भाषाएँ हैं, अतः उनकी वाक्य-रचना में बहुत समानताएँ नहीं हैं। यही कारण है कि हिन्दी में अंग्रेज़ी से अनुवाद का वाक्य-विन्यास प्रायः सहज हिन्दी से भिन्न हो जाता है। एक तीसरी समस्या अर्थ की अनेकरूपता की भी है। ऐसे ही संक्षेपों की भी समस्या है।' इनके अतिरिक्त भी कुछ समस्याएँ हैं। कार्यालयी अनुवाद की कतिपय समस्याओं का विस्तार इस तरह किया जा सकता है।

1. अपर्याप्त पारिभाषिक शब्दावली : यद्यपि हिन्दी में पारिभाषिक शब्दावली का निर्माण हुआ है। कई शब्दकोश भी उपलब्ध हैं। लेकिन अभी तक सभी अंगेजी शब्दों के लिए हिन्दी में समशब्दों का निर्धारण नहीं हुआ है। इस समस्या के समाधान के लिए पारिभाषिक ही नहीं, अर्धपारिभाषिक और सामान्य शब्दों के भी हिन्दी-अंग्रेज़ी के कोश बनने चाहिए। अभी भी अंग्रेज़ी के ऐसे हज़ारों शब्द हैं, जिनके ठीक हिन्दी पर्याय हमारे पास नहीं हैं।

2. बहुपर्यायी पारिभाषिक शब्द : बहुत सारे अंग्रेज़ी शब्दों के लिए हिन्दी में एक शब्द का प्रयोग किया जाता है। उदाहरण के लिए अंग्रेज़ी में दो शंब्द हैं aggression और attack कोश में इन दोनों के लिए 'आक्रमण' शब्द दिया गया है। ठीक उसी प्रकार Form, Format, Proforma के लिए प्रपत्र का प्रयोग किया जाता रहा है, जो ठीक नहीं है। डॉ. भोलानाथ तिवारी ने ऐसे कई शब्दों की सूची दी है।

3. पारिभाषिक शब्दावली की दुरूहता : पारिभाषिक शब्दावली के निर्माण में अधिकतर शब्द बनाये गये हैं या पुराने अप्रचलित शब्द ग्रहण किये गये हैं, जिससे शब्दावली दुरूह बन गयी है। इन शब्दों के प्रयोग से अनुवाद भी दुरूह बन जाता है। इसी के साथ जुड़ी एक और समस्या यह भी है कि केन्द्रीय सरकार के 'पारिभाषिक शब्द संग्रह' के नये संस्करण में कई नये शब्द गढ़े गये हैं, लेकिन बहुत-से पुराने शब्द छोड़ दिये गये हैं, जो अनुवाद में प्रचलित हो गये थे।

4. अनुवाद की समरूपता का अभाव : केन्द्र सरकार के कार्यालयों में ही नहीं अपितु राज्य सरकार के कार्यालयों में भी प्रत्येक कर्मचारी की दैनिक कामकाज की पद्धति, क्षमता और शैली में भेद दिखाई देता है। साथ ही एक ही प्रकार के अंग्रेज़ी पाठ के राजस्थानी, उत्तर प्रदेश, मध्य प्रदेश, बिहार आदि में किये गये अनुवाद एक-से नहीं होते, क्योंकि इन सभी प्रदेशों की पारिभाषिक शब्दावली एक नहीं है। इतना ही नहीं कहीं-कहीं एक ही शब्द का प्रयोग केन्द्र तथा विभिन्न प्रदेशों में अलग-अलग अर्थ में किया जाता है। उदाहरण के लिए केन्द्र सरकार भाग, विभाग, अनुभाग तथा प्रभाग के लिए क्रमशः Department, Section तथा Division का प्रयोग करती है, लेकिन मध्य प्रदेश में प्रभाग नहीं संभाग

और विभाग division है तथा section उत्तर प्रदेश में 'खण्ड' है तो मध्य प्रदेश में अनुविभाग और उपविभाग है।

5. असंगत वाक्य रचना : प्रत्येक भाषा की अपनी प्रकृति होती है, उसी के अनुसार वाक्य-रचना संगत होती है। कार्यालयी अनुवाद में प्रायः अंग्रेज़ीनुमा वाक्य रचना की जाती है, जो हिन्दी भाषा की प्रकृति के विरुद्ध है, जिससे अनुवाद अटपटा और क्लिष्ट बन जाता है।

6. संक्षेपों की समस्या : कार्यालयी भाषा में संक्षेपों का प्रयोग पर्याप्त मात्रा में होता है। हिन्दी में अभी तक अपने संक्षेपों का निश्चयन नहीं हुआ है। तकनीकी शब्द, पदनाम, मन्त्रालय, कार्यालय, संस्थान, परिषद, निगम, ब्यूरो, प्राधिकरण, बोर्ड, उपाधियाँ, साथ ही व्यक्ति नामों के संक्षिप्त रूप प्रशासन में प्रयुक्त होते हैं। अधिकतर अंग्रेज़ी संक्षिप्तियों का लिप्यंतरण ही किया जाता है, हिन्दी में उसके लिए जो पर्याय है उसकी संक्षिप्तियों का प्रचलन अभी भी नहीं हो पाया है।

इन प्रमुख समस्याओं के साथ ही कार्यालयों में हिन्दी तथा भारतीय भाषाओं के प्रति उदासीनता और उपेक्षा की मानसिकता से कई समस्याएँ उत्पन्न होती हैं।

विधि अनुवाद

विधि अनुवाद अत्यन्त महत्वपूर्ण है। भारत में प्राचीन काल से विधि का अनुवाद होता रहा है। स्वाधीनता के बाद सारी विधियों की रचना अंग्रेज़ी में हुई थी। संविधान में द्विभाषिकता को अपनाया गया। केन्द्र में अंग्रेज़ी और हिन्दी तथा राज्यों में अंग्रेज़ी और राज्यभाषा। जनतन्त्र में शासन जनता का, जनता द्वारा और जनता के लिए होता है, इसलिए उसकी भाषा भी जनता की होनी चाहिए। शासन के सभी अंगों के समान विधि तथा न्याय विभाग में भी जनता की भाषा का प्रयोग हो इसीलिए विधि अनुवाद आवश्यक हो गया। समस्त विधियों को हिन्दी तथा राज्य भाषाओं में अनूदित करने का कार्य राजभाषा (विधि) आयोग ने किया।

विधि अनुवाद की व्याप्ति

विधि की विभिन्न शाखाओं और विधाओं के अनुवाद का स्वरूप अलग-अलग होता है। विधि में मुख्यतया चार प्रकार के अनुवाद होते हैं–

1. अधिनियम अनुवाद
2. अधिसूचनाओं के अनुवाद
3. न्यायालयों के निर्णयों का अनुवाद
4. विधिक दस्तावेज़ों का अनुवाद

1. अधिनियम अनुवाद : सबसे अधिक बारीकी और सावधानी से विधेयकों और अधिनियमों का अनुवाद करने की आवश्यकता होती है। इसमें यह देखना होता है कि अंग्रेज़ी में जो अर्थ है ठीक वही अर्थ हिन्दी अनुवाद में आये। अंग्रेज़ी में जो कहा गया है उससे न कुछ अधिक कहा जाये और न ही कुछ कम। अतिव्याप्ति या अल्पव्याप्ति को यहाँ स्थान नहीं। यथावतता इसकी अनिवार्यता है।

2. अधिसूचनाओं के अनुवाद : अधिसूचनाओं के अनुवाद में भी इसी प्रकार की सावधानी रखनी होती है जैसी विधेयकों और अधिनियमों के अनुवादों में होती

है। कुछ अधिसूचनाएँ भी नये किस्म की या एक ही रूप में बार-बार प्रकाशित होने वाली होती हैं। ऐसी अधिसूचनाओं का प्रारूप स्थिर होता है, इसीलिए अनुवादक को सहूलियत रहती है कि पूर्व दृष्टान्त देखकर अनुवाद कर लिया जाये। कुछ अधिसूचनाएँ अत्यधिक तकनीकी होती हैं। इनके अनुवाद के लिए विशेषज्ञों की सलाह लेनी होती है।

3. न्यायालयों के निर्णयों का अनुवाद: उच्चतम न्यायालय के सभी प्रकाशन योग्य निर्णयों का अनुवाद विधायी विभाग प्रकाशित करता है। इस प्रकार के अनुवाद में यथावत अर्थ के साथ ही सुबोधता की अपेक्षा होती है। इसीलिए ऐसे अनुवाद में जहाँ वर्णनात्मकता है, वहाँ गैर-पारिभाषिक तथा जहाँ आवश्यकता है वहाँ पारिभाषिक शब्दों का प्रयोग करना होता है।

4. विधिक दस्तावेजों का अनुवाद: विधिक दस्तावेजों में दो पक्षकारों के बीच हुई संविदा के साक्ष्य के रूप में किया गया करारनामा, भू-स्वामी और किरायेदार के बीच किसी मकान के बारे में हुआ पट्टा, संविदाओं के निविदा आदि इसी प्रकार के कई दस्तावेज आते हैं। इनके सम्बन्ध में विवाद उपस्थित होने पर न्यायालय में प्रस्तुत किये जाते हैं। इसीलिए इनका अनुवाद भी उसी तरह का होता है।

उक्त चारों प्रकारों में अधिनियमों का अनुवाद सबसे अधिक कठिन होता है।

विधि अनुवाद की समस्याएँ

प्रजातान्त्रिक व्यवस्था में जनभाषा का अत्यधिक महत्त्व होना चाहिए। प्रशासनिक तथा विधि व्यवस्था की भाषा भी देश की भाषा होनी चाहिए। हमारा सम्पूर्ण विधि-विधान अंग्रेज़ी से है। उसे हिन्दी तथा अन्य भारतीय भाषा में लाने का प्रयास किया जा रहा है। इसलिए विधि अनुवाद एक महत्त्वपूर्ण कार्य बन गया है। यह अनुवाद करते समय कई समस्याओं का सामना करना पड़ता है, उन समस्याओं का हल भी खोजा जाता रहा है। कुछ प्रमुख समस्याएँ इस प्रकार हैं—

1. विधिवेत्ता हिन्दी अनुवादकों का अभाव: यह समस्या हर तरह के अनुवाद के साथ जुड़ी है। विधि और भाषा ज्ञान पर समान अधिकार रखने वाले लोग मूलतः कम ही होते हैं। विधिज्ञ अंग्रेज़ी के आदी होते हैं। कोई विधिज्ञ हिन्दी भाषा अच्छी तरह से जानता है, लेकिन अपनी कार्य व्यस्तता में अनुवाद की ओर मुड़ नहीं पाता। मात्र भाषा ज्ञान नहीं विषय ज्ञान और विषय-भाषा ज्ञान अनुवाद में अत्यधिक महत्त्व रखता है।

2. विधि की मानक शब्दावली: विधि अनुवाद में शब्दों का अत्यधिक महत्त्व है। विधि के अनुवादकों को यह स्वतन्त्रता नहीं होती कि वे मूल शब्द के स्थान

पर अपनी भाषा के उपलब्ध पर्यायों में से किसी भी उपयुक्त शब्द का चयन कर प्रयोग करें। क्योंकि विधि अनुवाद में छोटे-से-छोटा शब्द भी सम्पूर्ण परिच्छेद का अर्थ बदल कर अनर्थ कर सकता है। विधि का प्रत्येक शब्द जनता के जीवन पर प्रभाव डालता है। अनुवादक की छोटी-सी गलती से उनका जीवन संकटमय हो सकता है। कृष्ण गोपाल अग्रवाल के शब्दों में 'विधि के अनुवाद में प्रयुक्त शब्दों में अतिव्याप्ति और अल्पव्याप्ति दोषों का परिणाम विशाल जनसमुदाय के जीवन के साथ जुड़ा होता है। अनुवादक की किंचित-सी छूट से उनका जीवन संकटमय हो सकता है। ऐसी स्थिति में सम्भावना सब से अधिक इसीलिए है कि विधि की मानक शब्दावली का सर्वथा अभाव है।' इस समस्या का हल करने के लिए भारत सरकार ने 'विधायी आयोग' की स्थापना की और उसके द्वारा 'मानक शब्दावली' का निर्धारण किया गया।

शब्दावली को लेकर एक और समस्या रूढ़ अंग्रेज़ी शब्दों के प्रयोग से सम्बन्धित है। कुछ लोगों का कहना है कि ऐसे प्रचलित शब्दों को लिप्यन्तरण के साथ प्रयुक्त करना चाहिए, लेकिन कुछ लोग इसके विरोध में हैं। उनके अनुसार ऐसे शब्दों के भी हिन्दी पर्याय तैयार करने चाहिए।

मानक शब्दों के प्रयोग के सम्बन्ध में एक समस्या यह भी है कि इस बारे में केन्द्र और राज्य सरकारों में समन्वय का अभाव है। केन्द्र और राज्य सरकार की मानक शब्दावली यहाँ तक कि पदनामों में भी भिन्नता पायी जाती है।

3. हिन्दी में प्रारूपण की समस्या : विधि के मुख्यतः दो भाग किये जा सकते हैं–1. संविधि (Statutory Law) जिसका निर्माण विधान मंडलों और संसदों द्वारा होता है। 2. असंविधिक और वाद-विवाद–जिसका स्रोत मुख्यतः विद्वान विधिवेत्ताओं तथा सर्वोच्च न्यायाधीशों के निर्णय आदि में होता है। इन दोनों वर्गों की भाषा में अर्थात् शब्दावली और वाक्य-रचना में पर्याप्त अन्तर होता है। इस अन्तर को समझकर मूल प्रारूप का अनुवाद करना सहज नहीं है।

4. निर्वचन अर्थात् अर्थान्वयन की समस्या : इस समस्या की ओर संकेत करते हुए कृष्ण गोपाल अग्रवाल ने लिखा है–'अनुवादक को मूल पाठ का अनुवाद करते समय एक न्यायाधीश की भाँति निर्वचन के सिद्धान्त को ध्यान में रखकर उसका निर्वचन करना होता है। अनुवादक प्रारूपकार के आशय पर जाये या मूल पाठ में प्रयुक्त शब्दों पर ध्यान दे। यह एक बड़ी समस्या है। जिससे हर अनुवादक को और न्यायाधीश को दो-चार होना पड़ता है। कई बार अनुवादक की छोटी-सी चूक बड़ा विकट परिणाम पैदा कर देती है। ऐसे समय में सामण्ड की सलाह है 'निर्वचन या अर्थान्वयन में ऐसी प्रक्रिया अभिप्रेत है जिसके द्वारा

न्यायालय विधान मण्डल के आशय को अधिप्रमाणिक रूपों के माध्यम से जिनमें व्यक्त किया जाता है, अभिनिश्चित करना चाहते हैं।'

5. राज्य अधिनियमों आदि के मूल पाठों का दुर्लभ होना: निर्णायक विधि अनुवाद में यह समस्या आती है। प्रादेशिक विधियों के हिन्दी में प्रकाशित अधिकृत पाठ का दुर्लभ होना अनुवादक के सामने समस्या खड़ी कर देता है। हिन्दीभाषी प्रान्तों के पाठों में प्राप्त विविधता भी एक समस्या बन जाती है।

6. संशोधन विधि के अनुवादक की समस्या: अधिनियमों में निरन्तर संशोधन होते हैं। संविधान में कितने संशोधन हुए हैं। इन संशोधित विधि के अनुवाद करते समय अनुवादक के समक्ष स्रोत भाषा की मूल विधि और संशोधन के साथ-साथ लक्ष्य भाषा का मूल प्राधिकृत पाठ भी आवश्यक होना चाहिए। मात्र संशोधित पाठ के आधार पर किया गया अनुवाद विसंगत होने की सम्भावना होती है। इस सम्बन्ध में प्रख्यात विधिवेत्ता श्री ब्रजकिशोर वर्मा ने कहा है—'जब किसी अधिनियम का प्राधिकृत पाठ हिन्दी में प्रकाशित हो गया है तो उस अधिनियम का नाम मालूम करके उसका नाम से उद्धरण दिया जाना चाहिए। अधिनियम का नाम नामवाचक संज्ञा है। इसी प्रकार वे पद या अभिव्यक्तियाँ जिनकी अधिनियमों में परिभाषा की गयी है, उसी प्रकार लिखे जाने चाहिए जैसे कि वे मूल अधिनियम में हैं। उनका पुनः अनुवाद नहीं किया जाना चाहिए।'

7. बोलचाल के साधारण शब्द: विधि साहित्य में कुछ साधारण तथा बोलचाल की शब्दावली का भी प्रयोग होता है। लेकिन ये शब्द साधारण नहीं होते उनके निश्चित अर्थ बाँध दिये गये होते हैं, अतः ऐसे शब्दों के अनुवाद में अनुवादक भूल कर बैठता है। मूल पाठ में प्रयुक्त साधारण शब्द का भी विशेष अर्थ समझकर उसके लिए उचित पर्याय का चयन करना चाहिए।

इस प्रकार विधि अनुवाद अत्यन्त गम्भीर कार्य है। उसमें कठिनाइयाँ हैं, लेकिन उन कठिनाइयों का सामना करते हुए अनुवाद कार्य हो रहे हैं।

कानून की भाषा में किसी भी कथ्य को सीधे-सादे ढंग से व्यक्त नहीं किया जाता है, बल्कि उसे कानूनी अन्दाज में घुमा-फिराकर कहा जाता है। इसका सीधा-सा अर्थ यह है कि कानूनी अभिव्यक्तियाँ बड़ी जटिल होती हैं।

अतः अनुवादक जब विधिक अनुवाद कर रहा हो तो उसे पहले उस कानून को पढ़ लेना चाहिए ताकि उसे उस कानून से सम्बन्धित अभिव्यक्तियों का पता लग जाये, या फिर उसे कानूनी अनुवादक के अनुभवी अनुवादक अथवा किसी वकील से संवीक्षा करवा लेना चाहिए।

विधिक अनुवाद करने के लिए सर्वप्रथम अनुवादक को अनुवाद पर ही ध्यान

केन्द्रित करना चाहिए ताकि कहीं भूल-चूक होने की सम्भावना न रहे, यदि कोई शब्द या अभिव्यक्ति समझ में न आ रही हो तो शब्दकोश देखना चाहिए या अनुभवी/विद्वान् अनुवादक से इस सम्बन्ध में चर्चा करनी चाहिए।

विधिक अनुवाद में छोटे-से-छोटा शब्द भी कभी सम्पूर्ण पैरा का अर्थ बदल देता है तथा सकारात्मक वाक्य को नकारात्मक वाक्य बना सकता है।

विधिक अनुवाद में अरबी, फारसी शब्दों का प्रयोग समझ-बूझकर करें क्योंकि अरबी, फारसी शब्दों में एकवचन व बहुवचन रूपों में अन्तर का पता करना कठिन होता है, यदि आपको अरबी, फारसी शब्दों का सम्यक् ज्ञान है तब ही उनका अनुवाद में प्रयोग करें। उनका प्रयोग करने से पूर्व शब्दकोश में उसका अर्थ देख लें तो बेहतर होगा।

कानूनी अनुवाद में हिन्दी की प्रकृति के अनुसार कभी-कभी सरलीकरण भी कर लिया जाता है, उदाहरण के लिए संलग्न नमूने की मद संख्या 1(2) देखें। इसमें अंग्रेज़ी में लिखा है—These regulations shall come into force on the 1st day of January 1983.

इसका साधारण अनुवाद होगा—ये विनियम वर्ष 1983 के जनवरी माह की पहली तारीख को प्रभावी होंगे। परन्तु इनका अनुवाद सरल कर दिया गया है और संक्षिप्त करते हुए यहाँ लिखा है कि ये विनियम 1 जनवरी, 1983 से लागू होंगे। यह अनुवाद सही है परन्तु संक्षिप्तिकरण से यहाँ अर्थ में कोई भेद नहीं आ पाया है अतः इस सीमा तक तो छूट का सहारा ले लेना चाहिए। ऐसा उस स्थिति में ही करें कि जब आपको पूर्ण विश्वास हो कि आपने अनुवाद में वही भावार्थ सम्प्रेषित कर दिया है जो मूल पाठ में था। क्योंकि कभी-कभी ऐसा प्रतीत होता है कि विधि सम्बन्धी पाठ में जो शब्द प्रयोग किये हैं वे अनावश्यक हैं, परन्तु वस्तुतः ऐसा होता नहीं है। विधिक पाठ में दिया हर शब्द भाषा की प्रकृति की दृष्टि से भले ही अनावश्यक हो परन्तु उस शब्द का प्रयोग विधिक अभिव्यक्ति की दृष्टि से अति महत्त्वपूर्ण होता है।

कानूनी दस्तावेजों के अनुवाद में कभी-कभी तो छोटे-छोटे सामान्य शब्दों के लिए भी भारी-भरकम हिन्दी शब्दों का प्रयोग करना पड़ता है। उदाहरण हेतु Alibi शब्द ही लें, बहुत ही प्रचलित एवं बहुत ही सादा-सा अर्थ है परन्तु विधिक अनुवाद करते समय विधि शब्दावली से अर्थ लेने पर इसका अर्थ होगा—अन्यत्र उपस्थित होने का अभिवाक्।

विधिक अनुवाद में मूल को बहुत सावधानी से पढ़ना चाहिए, सामान्य अनुवाद में bona fide तथा bona fides में कोई विशेष अन्तर प्रतीत नहीं होता। लेकिन

विधिक अनुवाद में bona fide के लिए सद्‌भावपूर्वक शब्द का प्रयोग होगा व bonafides के लिए सद्‌भावी अनुवाद किया जायेगा।

विधिक अनुवाद में यदि कोई कॉमा या विराम या अन्य व्याकरण चिह्न हों तब तो अनुवादक का दायित्व अत्यधिक बढ़ जाता है। कॉमा, अर्द्धविराम या विराम भी विधिक अर्थ को प्रभावित कर सकते हैं। उदाहरण देखें:

'रोको मत जाने दो' इस वाक्य में रोको के बाद कॉमा लगा दें तो अर्थ बिलकुल नकारात्मक हो जायेगा। यदि मत के बाद कॉमा लगे तो अर्थ सकारात्मक हो जायेगा।

विधिक शब्दावली में sans recourse (दायित्वरहित, आश्रयरहित) अर्थ दो शब्दों के स्थान पर दो शब्द के रूप में हुए हैं परन्तु कहीं-कहीं तीन-चार शब्दों का एक ही शब्द से अर्थ सम्प्रेषित किया जा सकता है, जैसे—sine que Non का अर्थ है अनिवार्य। इसी प्रकार on ventre So mere शब्द का अर्थ है गर्भवती। इसलिए यह जरूरी हो जाता है कि विधि शब्दावली और उसकी अभिव्यक्तियों को बारीकी से समझा जाये।

विधि में फ्रेंच एवं लैटिन का प्रभाव होने से विधि की अनेक सूक्तियाँ ज्यों की त्यों लैटिन से कानून में ले ली गयी हैं, जैसे—Falsus in uni Falsus in Omnibus अर्थात् एक बात में झूठ (मिथ्या) तो सब झूठ।

विधिक शब्दावली की कुछ अभिव्यक्तियाँ प्रशासन में प्रयुक्त होने के कारण बहुत सुगम हो गयी हैं तथा—status quo (यथापूर्व स्थिति) suo motu (स्वप्रेरणा से) Prorata (अनुपातत:) Protanto (उस सीमा तक) आदि जैसे शब्द बहुप्रचलित हैं।

विधिक प्रकृति के अनुवाद का एक नमूना आगे दिया जा रहा है—इस नमूने में विधि सम्बन्धी सरल अभिव्यक्तियों का अनुवाद दिया गया है। वस्तुत: वास्तविक विधिक अनुवाद वह होता है जिसमें विधिक अधिनियमों 'नियमों' का प्रत्यक्ष अनुवाद किया जाता है, परन्तु ऐसे अनुवादों के लिए यह जरूरी है कि अनुवादक के पास विधि की उपाधि हो व लक्ष्य भाषा व स्रोत भाषा दोनों का ही अच्छा ज्ञान हो। विधायी आयोग में अधिनियमों के हिन्दी अनुवाद के लिए जिन व्यक्तियों को चुना जाता है उनकी योग्यता में विधि (कानून) में उपाधि, हिन्दी व अंग्रेज़ी का आधिकारिक ज्ञान तक न्यायिक सेवा में न्यायाधीश या उच्च स्तर पर विधिक सेवा का सात वर्ष से अधिक का अनुभव शामिल है। ऐसे अनुवादक ही विधि सम्बन्धी प्रामाणिक अनुवाद करते हैं। इनमें अधिनियमों का अनुवाद व विधेयकों का अनुवाद शामिल है। इससे ही अनुमान लगाया जा सकता है कि विधि अनुवाद कितना महत्त्वपूर्ण होता है।

नमूना 1

1.	**संक्षिप्त नाम और प्रारम्भ :**	1.	ये विनियम अधिकारी, सेवा विनियम, 1982 कहलाएँगे।
		2.	ये विनियम 1 जनवरी, 1983 से लागू होंगे।
2.	**अधिकारी जिन पर ये विनियम लागू होंगे :**	1.	ये विनियम बैंक के सभी अधिकारियों पर और बैंक के ऐसे अन्य कर्मचारियों पर, जिनके लिए ये सक्षम प्राधिकारी द्वारा लागू किये जायें, उस विस्तार तक तथा ऐसी शर्तों के अधीन लागू होंगे जो ऐसे प्राधिकारी द्वारा विनिश्चित किये जायें।
		2.	सक्षम प्राधिकारी द्वारा विशिष्ट रूप से अथवा सामान्य रूप से निर्धारित सीमा तक ये भारत के बाहर स्थानान्तरित/तैनात/प्रतिनियुक्त अधिकारियों पर भी लागू होंगे।
		3.	तथापि, ये उन कर्मचारियों पर, जो भारत के बाहर और किसी देश में नियुक्त/कार्यरत हैं और वहाँ स्थायी रूप में सेवा कर रहे हैं, लागू नहीं होंगे।
1.	**Short title and Commencement :**	1.	These regulations may be called Officer's Service Regulations, 1982.
		2.	These regulations shall come into fore on the 1st day of January, 1983.
2.	**Officers to whom the Regulations apply :**	1.	These regulations shall apply

to all officers of the Bank and to such other employees of the Bank to whom they may be made applicable by the Competent Authority to the extent and subject to such condition as such Authority may decide.

2. They shall also apply to Officer transferred /Postal/deputed outside India except to such extent as may be specifically or generally prescribed by the Competent Authority.

3. They shall however, not apply to employees appointed/engaged in any country outside India and permanently serving there.

नमूना 2

बैंकिंग कम्पनी (उपक्रमों का अर्जन एवं अन्तरण) अधिनियम, 1980 की धारा (3) (i) के अनुसार धारा 3 की उप-धारा (2आ) के खण्ड (ग) के अन्तर्गत जारी पूँजी की मात्रा के आधार पर शेयरधारक निदेशकों की नियुक्ति करनी होगी। बैंकिंग विनियमन अधिनियम, 1949, बैंकिंग कम्पनी (उपक्रमों का अर्ज एवं अन्तरण) 1980, राष्ट्रीयकृत बैंक (प्रबन्ध एवं विविध प्रावधान) योजना 1980 तथा कार्पोरेशन बैंक सामान्य विनियम, 1998 की सम्बन्धित धाराओं एवं विनियमों को शेयरधारकों के सूचनार्थ नीचे प्रस्तुत किया जाता है:

In terms of Section 9(3) (i) of the Banking Companies (Acquisition & Transfer of Undertakings) Act, 1980, shareholder directors shall have to be appointed depending upon the extent of capital issued under clause (c) of sub-section (2B) of Section 3. The relative Sections and Regulations of the Banking Regulation Act, 1949. The Banking Companies (Acquisition & Transfer of Undertakings) Act, 1980. Nationalised Banks (Management and Micellaneous Provision) Scheme 1980 and the Corporation Bank General Regulations, 1998 respectively.

विधिक अनुवाद की एक विशेषता यह भी है कि इसमें अंग्रेज़ी भाषा के मिलते-जुलते शब्द अत्यधिक भ्रम पैदा करते हैं। अतः अनुवादक को अपने पास एक नोटबुक में ऐसे शब्दों के अर्थ लिखकर रख लेने चाहिए व उन्हें बार-बार दोहराते रहने या उन्हें याद करने से विधि के अनुवाद में दक्षता आती है व बार-बार शब्दकोश खोलने के झंझट से मुक्ति मिल जाती है।

विधि के अनुवाद हेतु भारत सरकार के विधायी आयोग ने जो शब्दावली बनाई है, वह शब्दावली प्रामाणिक तो है ही साथ ही विस्तृत भी है। इसमें वे समस्त बातें हैं जिनकी एक अनुवादक को जरूरत होती है। उदाहरण के लिए हिन्दी से अंग्रेज़ी पर्याय, उर्दू, अरबी, फारसी, शब्दावली अलग से दी गयी है, लैटिन व फ्रेंच अभिव्यक्तियाँ भी पर्याप्त मात्रा में दी गयी हैं। अन्त में केन्द्रीय अधिनियमों के नामों का प्राधिकृत अनुवाद भी दिया गया है ताकि एकरूपता बनी रहे। यह शब्दकोश विधायी आयेाग के सचिव व कोशकार श्री ब्रजकिशोर शर्मा जी द्वारा सम्पादित किया गया है। कुछ विद्वान् विधि शब्दावली में संस्कृतनिष्ठ शब्द होने के कारण इन शब्दों के प्रयोग से परहेज करते हैं। कुछ सीमा तक उनका आक्रोश सही भी है परन्तु मानकीकरण व एकरूपता लाने के लिए समझौता करना ही श्रेयस्कर होगा। अतः मेरे विचार से इन शब्दों का प्रयोग उचित रहेगा। भले ही ये अभी कठिन लग रहे हैं परन्तु आने वाले समय में लगातार प्रयोग होने से ये शब्द कठिन प्रतीत नहीं होंगे।

निष्कर्ष

इस प्रकार हम देखते हैं कि कार्यालयीन अनुवाद में जहाँ प्रशासनिक अनुवाद निरपेक्ष होता है तो विधिक अनुवाद उससे भी निरपेक्ष होता है। अतः कार्यालयीन अनुवाद में शब्द-चयन व अभिव्यक्ति-कौशल ऐसा होना चाहिए कि जो मूल भाव अंग्रेज़ी भाषा में सम्प्रेषित किया गया हो वही भाव हिन्दी में भी सम्प्रेषित हो। न ही उससे ज्यादा, न उससे कम। शब्दावली भी वही हो जो भारत सरकार व विधि विभाग द्वारा प्रामाणिक हो। यदि ये दोनों बातें हम ध्यान में रखकर अनुवाद करेंगे तो कार्यालयीन अभिलेखों के अनुवाद की समस्या स्वतः ही हल हो जायेगी।

प्रशासनिक अनुवाद

प्रशासनिक कार्यों अर्थात् राजकाज सम्बन्धी कार्यों में अनुवाद का सम्बन्ध काफी पुराना है। प्राचीन काल में भारत में प्रशासनिक व्यवस्था के कार्य संस्कृत में हुआ करते थे, धीरे-धीरे ये भारतीय भाषाओं में होने लगे लेकिन मुगल शासनकाल में उर्दू, अरबी और फारसी का बाहुल्य छाया रहा जिससे विधि, न्याय व प्रशासनिक व्यवस्था में अरबी, फारसी के शब्द में गुंफित शब्द-युक्त भाषा का प्रयोग चल पड़ा। भारत में अंग्रेज़ों के शासन से प्रशासन व न्यायिक व्यवस्था में अंग्रेज़ी का प्रयोग अनिवार्य हो गया था, अतः अंग्रेज़ी ही प्रशासन की भाषा की अनिवार्यता-सी बन गयी। किसी मामूली पढ़े-लिखे व्यक्ति को अपनी बात प्रशासन से कहने के लिए भी अंग्रेज़ी का आश्रय लेना पड़ता था।

संविधान के भाग-17 में अनुच्छेद 343 से 351 में किये प्रावधानों व राष्ट्रपति के आदेश एवं तदुपरांत राजभाषा अधिनियम 1963 (यथा संशोधित 1967) एवं राजभाषा (संघ के शासकीय प्रयोजनों के लिए प्रयोग) नियम 1976 (यथा संशोधित 1987) के लागू हो जाने से समस्त शासकीय एवं प्रशासनिक कार्यों के लिए राजभाषा हिन्दी का प्रयोग आरम्भ हो गया। राजभाषा अधिनियम की धारा 3 (3) तथा राजभाषा नियम के नियम 11 के अनुसार विशिष्ट प्रकार के दस्तावेजों, फार्मों, स्टेशनरी मदों, प्रक्रिया साहित्य आदि में हिन्दी व अंग्रेज़ी के प्रयोग की अनिवार्यता ने प्रशासनिक क्षेत्र में अनुवाद की अनिवार्यता-सी पैदा कर दी है। अतः आज की स्थिति में भी प्रशासनिक क्षेत्र में अनुवाद की आवश्यकता निरन्तर बढ़ती जा रही है। प्रशासनिक अनुवाद की प्रस्तावना के उपरान्त अब इसके व्यावहारिक पहलू पर भी चर्चा कर लें तो बेहतर होगा। अतः प्रशासनिक अनुवाद के सम्बन्ध में निम्नवत् जानकारी प्रस्तुत की जा रही है।

प्रशासनिक अनुवाद मूलतः अर्द्धविधिक प्रकृति का होता है, इसका अर्थ यह है कि जिस प्रकार की सावधानियाँ विधिक अनुवाद में बरती जाती हैं वही

सावधानियाँ इसमें भी बरतनी चाहिए क्योंकि प्रत्येक प्रशासनिक कार्य का कानूनी पहलू अवश्य होता है।

चूँकि प्रशासनिक अनुवाद पूर्णतः कानूनी अनुवाद नहीं होता है। अतः इसमें भाषा की प्रकृति व सहज अभिव्यक्ति को महत्त्व दिया जाना चाहिए। प्रशासनिक अनुवाद में स्पष्टता होनी चाहिए। यह इसका प्रथम गुण है।

आज प्रचलित प्रशासनिक व्यवस्था अंग्रेज़ों की देन है अतः इसमें आज भी अंग्रेज़ी वाक्य रचना व अंग्रेज़ी पदबन्धों की भरमार है। यह जरूरी नहीं कि अनुवाद अक्षरशः अंग्रेज़ी शैली में हो, परन्तु जो मूल में कहा गया है वह लक्ष्य भाषा में आ जाये इतना ही पर्याप्त होता है। प्रशासनिक अनुवाद में भाषा की प्रांजलता या शैली का आकर्षक होना कोई विशेष महत्त्व नहीं रखता है परन्तु इसमें भाषा की सहजता व बोधगम्यता अच्छी लगती है। इसका महत्त्व प्रशासनिक अनुवाद में अत्यधिक है।

प्रशासनिक शब्दावली की समस्या हल करने के लिए वैज्ञानिक एवं तकनीकी शब्दावली आयोग, केन्द्रीय हिन्दी निदेशालय, शिक्षा एवं समाज कल्याण मन्त्रालय ने समेकित प्रशासक शब्दावली अंग्रेज़ी-हिन्दी (Consolidated Glossary of Administrative Terms-English-Hindi) प्रकाशित की है। यह निःशुल्क प्रकाशन है एवं अत्यन्त उपयोगी है। इसमें प्रायः प्रशासन से जुड़े समस्त शब्द समाहित किये गये हैं। केन्द्रीय सचिवालय हिन्दी परिषद एक्स-वाय-68 सरोजिनी नगर द्वारा श्री हरिवंशराय बंसल द्वारा भी प्रशासनिक साहित्य पर अनेक पुस्तकें, पुस्तिकाएँ प्रकाशित की गयी हैं। इसके उपरान्त अनेक भाषाविज्ञानियों व लेखकों की प्रशासनिक कार्यों से सम्बन्धित साहित्य पर पुस्तकें प्रकाशित हो चुकी हैं।

बैंकों में प्रशासनिक कार्य हिन्दी में करने के लिए राजभाषा विभाग, केन्द्रीय हिन्दी निदेशालय सहित अनेक विभागों ने टिप्पण एवं प्रारूप लेखन नामक पुस्तिकाएँ प्रकाशित की हैं। इसी प्रकार विभिन्न संस्थानों, केन्द्र सरकार के कार्यालयों आदि ने अपने-अपने विभाग की आवश्यकताओं के अनुरूप शब्दावलियाँ व मसौदा लेखन के लिए प्रचुर साहित्य प्रकाशित किया है।

चूँकि प्रशासनिक अनुवाद वस्तुपरक होता है इसलिए इसमें भावना जैसे भावों का कोई विशेष महत्त्व नहीं होता, क्योंकि इसमें सीधी व सपाट अभिव्यक्तियाँ होती हैं अर्थात् अभिधामूलक अभिव्यक्तियों का प्राचुर्य होता है।

जैसा कि हम पहले ही बता चुके हैं कि प्रशासनिक अनुवाद को सरल बनाये रखने के लिए लिप्यंतरण को काफी महत्व दिया गया। कहीं-कहीं अंग्रेज़ी शब्दों

को लिप्यंतरण करके ही उसमें उपसर्ग या प्रत्यय लगाकर भी शब्द बनाये गये जैसे रजिस्ट्रार में उप-रजिस्ट्रार, सहायक-रजिस्ट्रार जैसे शब्द भी आज देखे जा सकते हैं। वस्तुतः यह इसलिए किया गया है कि विश्वविद्यालय के रजिस्ट्रार (कुलसचिव) उप-कुलसचिव व प्रशासनिक व्यवस्था के रजिस्ट्रारों में भिन्नता दर्शायी जा सके एवं भाषा की सरलता, सुबोधता और सुगमता बनी रहे। इसी प्रकार के अनेक शब्द हैं, जैसे—स्टांप यानी रबर की मुहर परन्तु 'स्टांप पेपर' जैसी अभिव्यक्तियों के लिए स्टांप को ही अपनाकर इसे व्याकरणिक प्रक्रिया से संशोधित करके इससे शब्द बनाये गये हैं जैसे स्टांपित आदि।

प्रशासनिक अनुवाद में टिप्पण प्रारूपण अर्थात् मसौदा लेखा सम्बन्धी अनुवाद का बाहुल्य होता है।

कोड, मैनुअल एवं प्रक्रिया साहित्य का अनुवाद भी प्रशासनिक अनुवाद की आवश्यकता है। यद्यपि सरकारी कार्यालयों के प्रक्रियात्मक साहित्य का अनुवाद केन्द्रीय अनुवाद ब्यूरो, भारत सरकार द्वारा किया जाता है परन्तु अन्य कार्यालयों का अनुवाद उन्हें स्वयं करना पड़ता है। अतः प्रशासनिक क्षेत्र में अनुवाद निरन्तर चलने वाला कार्य है।

जहाँ तक प्रशासन में टिप्पण लेखन व मसौदा लेखन का प्रश्न है उसमें अभी तक भी अंग्रेज़ी का प्रभाव है व सरकारी कार्यालयों में इसे मानक अनुवाद मानकर स्वीकृति मिल चुकी है। इन अंग्रेज़ी अभिव्यक्तियों के हिन्दी अनुवाद यद्यपि अनुवाद सिद्धान्त व भाषा की प्रकृति के अनुरूप न होते हुए भी ये चलन में आ गये हैं, इसलिए इनका ही उपयोग कार्यालयों में किया जा रहा है।

प्रशासन में पत्र-लेखन व टिप्पणी लेखन के लिए पदबंध प्रयुक्त होते हैं। कुछ नमूने दिये जा रहे हैं। इन्हें किसी क्रम से नहीं रखा गया है बल्कि इनमें कुछ विशिष्टताएँ हैं व ये प्रायः प्रशासन में प्रयुक्त होते हैं, अतः इन्हें मात्र उदाहरण समझें।

प्रशासन में होने वाले प्रक्रिया सम्बन्धी नियमों के उदाहरण निम्नवत्प्रस्तुत किये जा रहे हैं :

1. The increments specified in the scales of pay set out in Regulation 4 shall, subject to the sanction of the Competent Authority, accrue on an annual basis and shall be granted on the first day of the month in which these fall due.

नमूना 1 विनियम 4 में उपवर्णित विभिन्न वेतनमानों में विनिर्दिष्ट

वेतनवृद्धियाँ, सक्षम प्राधिकारी की मंजूरी के अध्यधीन वार्षिक आधार पर प्रोद्‌भूत होंगी और वे जिस महीने में देय होती हैं, उस महीने की पहली तारीख को दी जायेंगी।

2. Officers in Scale I and Scale II, one year after reaching the maximum in their respective scales, shall be granted further increments including stagnation increment(s) in the next higher scale only as specified in (c) below subject to their crossing the efficiency bar as per guidelines of the Government.

नमूना 2 सरकार के मार्गदर्शी सिद्धान्तों के अनुसार वेतनमान I तथा वेतनमान II के अधिकारियों को, अपने सम्बन्धित वेतनमानों के अधिकतम पर पहुँचने के एक वर्ष पश्चात्, अगले उच्च वेतनमान में अवरोध वेतनवृद्धि (याँ) सहित आगे की वेतनवृद्धियाँ केवल नीचे (ग) में विनिर्दिष्ट आधार पर दी जायेंगी बशर्ते कि वे दक्षतावरोध को पार कर लें:

3. Officers including those referred to in (b) above who reach the maximum of the middle management Grade Scales II and III shall draw stagnation increment(s) for every three completed years of service after reaching the last stage of the Scale II of Scale III as the case may be, subject to a maximum of two such increments of Rs. 230 each for officers in the last stage of scale II and one such increment of Rs. 250 for officers in the last stage of Scale III.

नमूना 3 ऊपर (ख) में उल्लिखित अधिकारियों सहित, मध्यम प्रबन्धन श्रेणी वेतनमान II या II के अधिकतम पर पहुँचने वाले अधिकारियों को, यथास्थिति, वेतनमान II तथा III के अन्तिम प्रक्रम पर पहुँचने के पश्चात् प्रत्येक तीन वर्षों की सेवा पूरी होने पर अवरोध वेतनवृद्धि (याँ) दी जायेगी/जायेंगी, वेतनमान II के अन्तिम प्रक्रम पर पहुँच चुके अधिकारियों के मामले में रु. 230 की अधिक-से-अधिक दो वेतनवृद्धियाँ दी जायेंगी तथा वेतनमान III के अन्तिम प्रक्रम के अधिकारियों के मामले में रु. 250 की एक वेतनवृद्धि दी जायेगी।

4. Provided that on and from 1-11-1994 officers in substantive scale III, i.e. those who are recruited in or promoted to Scale III shall be eligible for second stagnation increment three years after having received the first stagnation increment.

नमूना 4 बशर्ते कि 1-11-1994 को तथा उसके बाद सबस्टान्टिव वेतनमान III के अधिकारी अर्थात् वेतनमान III में भरती या पदोन्नत किये जाते हैं, वे द्वितीय अवरोध वेतनवृद्धि के लिए पहली अवरोध वेतनवृद्धि प्राप्त होने के तीन वर्ष बाद पात्र होंगे।

उक्त अनुच्छेद देखने से ही स्पष्ट हो जाता है कि यह किसी नियमावली का अनुवाद है। अनुवाद की दृष्टि से इसका विश्लेषण करने पर हम पाते हैं कि नमूना 1 से लेकर नमूना 4 तक की भाषा व शैली में एकरूपता के साथ-साथ अधिकतम विधि शब्दावली का प्रयोग किया गया है, जैसे–प्रोद्भूत, अध्यधीन आदि। इन शब्दों के स्थान पर उपचित या अधीन का प्रयोग किया जा सकता था परन्तु नियमावली की विधिक प्रकृति को बनाये रखने के उद्देश्य से प्रत्येक नमूने में शैली निरपेक्ष और तटस्थ बनाई गयी है क्योंकि प्रक्रियात्मक साहित्य अर्द्धविधिक प्रकृति का होता है। इतना ही नहीं कभी-कभी तो प्रशासनिक अनुवाद पूर्णतः विधिक रूप धारण कर लेता है, उदाहरण देखें:

1. Every Officer who is governed by the scales of pay as in force as on 31-10-1992 shall be fitted in the scale of pay set out in Regulation 4(2) as on 1-7-1993 on stage basis, i.e. on corresponding stages from first stage onwards and the increments shall fall on the anniversary date as usual except where provided otherwise.

1. 31-10-1992 को लागू वेतनमान द्वारा शासित प्रत्येक अधिकारी को 1-7-1993 को विनियम 4(2) में वर्णित वेतनमान में नियतन प्रक्रमवार किया जायेगा–अर्थात् पहले प्रक्रम से तदनुरूपी प्रक्रमों के अनुसार किया जायेगा और जहाँ अन्यथा उपबन्धित न हो, वेतनवृद्धि हमेशा की भाँति प्रतिवर्ष, वर्ष पूरा होने की तारीख को देय होगी।

प्रशासनिक (कार्यालयी) अनुवाद के कुछ व्यावहारिक पहलू

'अनुवाद के प्रकार' में कई आधारों पर कई प्रकार के अनुवादों का उल्लेख है। एक आधार विषय का भी हो सकता है। जैसे–साहित्यिक अनुवाद, वैज्ञानिक

अनुवाद, कार्यालयी अनुवाद, अखबारी अनुवाद, खेलकूद विषयक अनुवाद तथा बाज़ार-भाव विषयक सामग्री का अनुवाद आदि। इन सभी प्रकार के अनुवादों की अपनी-अपनी अलग-अलग विशेषताएँ होती हैं।

कार्यालयी अनुवाद में तरह-तरह के प्रशासनिक कार्यालयों से सम्बद्ध अनुवाद, होटलों से बैंकों से सम्बद्ध अनुवाद, रेलवे से सम्बद्ध अनुवाद, न्यायालयों से सम्बद्ध अनुवाद, होटलों से सम्बद्ध अनुवाद, डाक और तार से सम्बद्ध अनुवाद तथा बीमा से सम्बद्ध अनुवाद आदि अनेकानेक प्रकार के अनुवाद आते हैं। इनकी कुछ विशेषताएँ ये हैं–

कार्यालयी अनुवादों की पहली विशेषता तो यह होती है कि इनके लिए प्राप्त सामग्री मूलतः अभिधाप्रधान होती है। सर्जनात्मक साहित्य (जैसे–कविता, नाटक, कथा-साहित्य आदि) की तरह लक्षणा और व्यंजना का उनमें प्रयोग नहीं होता। इसीलिए अनुवाद के लिए प्रयुक्त भाषा भी ऐसी ही होती है तथा ऐसी ही होनी चाहिए। उदाहरण के लिए (क) Copy of the Letter reffered to above is sent herewith. उल्लिखित पत्र की प्रति इसके साथ भेजी जा रही है। (ख) His name is not born in the seniority list. वरिष्ठता सूची में उसका नाम नहीं है। (ग) In the absence of any rules past practice is the Law. नियमों के अभाव में पिछली परिपाटी कानून हैं।

कार्यालयी अनुवाद की दूसरी विशेषता यह होती है कि उसमें प्रायः पारिभाषिक शब्दों का प्रयोग अनिवार्यतः होता है और ये पारिभाषिक शब्द प्रत्येक विषय के काफी-कुछ अलग-अलग होते हैं। रेलवे के अलग, तो कचहरी के अलग और बैंकों के अलग। इसी तरह अन्य विषयों के भी। उदाहरण के लिए कुछ पारिभाषिक शब्द हैं–

(क) प्रशासन : 1. Settlement–बंदोबस्त, निपटारा, समझौता; 2. Non-Gazetted–अराजपत्रित; 3. File–फाइल, मिसिल; 4. Fiscal–राजस्व-सम्बन्धी, वित्तीय; 5. Expiry–समाप्ति, अन्त।

(ख) बैंक : 1. Deposit amount–जमाराशि; 2. Outstanding amount–बकाया राशि, बकाया रकम; 3. Liquid assets–चल आस्तियाँ; 4. Balance Book–तुलन बही, शेष बही।

(ग) रेल : 1. Inter railway liability–अन्तर-रेलवे देयता; 2. Key Board–कुंजी पटल। अनुवादक को हिन्दी का प्रति शब्द विषयानुसार ही चुनना चाहिए। उदाहरण के लिए Interest के लिए बैंक के अनुवाद में 'ब्याज' शब्द आयेगा, 'रुचि' या कुछ और नहीं।

एक ही अंग्रेज़ी शब्द के अलग-अलग सन्दर्भों में अलग-अलग हिन्दी पर्याय प्रयुक्त होते हैं। अनुवादक को इस बात का ध्यान रखना चाहिए, अन्यथा अनुवाद हास्यास्पद तो हो ही जायेगा, बहुत सार्थक भी नहीं रह जायेगा। उदाहरण के लिए, Statistics का कहीं तो 'आँकड़े' और कहीं 'सांख्यिकी'। ऐसे ही Revenue का कहीं 'राजस्व' या 'मालगुजारी' तो कहीं 'संप्राप्ति' या 'आय'।

कार्यालयी भाषा के पारिभाषिक शब्द हिन्दी में कई स्रोतों से आये हैं। कुछ तो हिन्दी के मध्य काल के हैं जो अरबी-फारसी (जैसे हलफनामा, मुहर्रिर, सुलहनामा, दाखिल-खारिज, कानूनी कार्रवाई आदि) के हैं, कुछ आधुनिक काल में अंग्रेज़ी से आये (जैसे—जज, बैंक, चेक, पोस्ट ऑफिस, पासबुक, इक्विटी, फीस, स्टोर) हैं, कुछ आधुनिक काल में संस्कृत शब्दों, उपसर्गों एवं प्रत्ययों आदि से बनाये गये (जैसे—निवेश-ऋण, अशोध्य ऋण, परिबद्ध, क्षतिपूर्ति, आयातक आदि) हैं और कुछ यद्यपि बहुत ही थोड़े जनता से (जैसे आढ़त, हुंडी, ठेका आदि) आये हैं। यों कुछ शब्द ऐसे भी हैं जो मिले-जुले अर्थात् संकर या मिश्रित हैं। जैसे—एकमुश्त, अनुसूचित बैंक, प्रेषक क्लर्क, जिलाधीश, सूचना-ब्यूरो आदि। अनुवादक को चाहिए कि इनका प्रयोग मिश्रित रूप से न करके यदि कुछ सन्तुलित रूप में करें तो अनुवाद अधिक सुन्दर लगेगा। उदाहरण के लिए, 'वेतन-वृद्धि' अनुवाद में ठीक लगेगा न कि 'तनख्वाह में वृद्धि' या 'तनख्वाह-वृद्धि'। इसी तरह 'मूल्यों में वृद्धि' न कि 'कीमतों में वृद्धि', 'कार्यालय के अधिकारी' न कि 'दफ्तर के अधिकारी' या 'देय तिथि' (बैंक में Due date) न कि 'देय तारीख' आदि।

शब्दों के सम्बन्ध में एक यह बात भी ध्यान देने की है कि अनुवादक को चाहिए कि कोश में जब कोई अंग्रेज़ी का शब्द देखें और यह पाएँ कि उसके लिए कई हिन्दी शब्द दिये गये हैं तो उनमें अपने अनुवाद के लिए चुनाव बहुत सावधानी से करें, अन्यथा अनुवाद बहुत अटपटा हो जाता है। एक बार एक कार्यालयी सामग्री में आया: As a matter of fact. इस प्रकार अनुवाद किया: 'तथ्य के पुद्गल के रूप में'। स्पष्ट ही fact का 'तथ्य' अनुवाद किया और matter के लिए दर्शन का शब्द 'पुद्गल' ले लिया। कहना न होगा कि As a matter of fact का हिन्दी अनुवाद होगा 'वस्तुतः' वास्तविक रूप में 'तथ्यतः' अथवा 'असल में'। 'तथ्य के पुद्गल के रूप में' अनुवाद हास्यास्पद तो है ही, अस्पष्ट भी है।

कार्यालयी पत्रों में परम्परागत रूप में कुछ बातें बहुत ही रूढ़ियुक्त शैली में कही जाती हैं। जैसे—With reference to your letter No. 575 dated 12th Aug, 1980, I am directed to say that. इसमें I am directed to say that

के लिए 'मुझे कहने का निर्देश हुआ है कि' अनुवाद करना हिन्दी मुहावरे में बहुत अच्छा नहीं लगता। ऐसी बातें छोड़कर अनुवाद सीधे किया जा सकता है। उदाहरण के लिए, उपर्युक्त सामग्री का 'आपके 12 अगस्त, 1980 के 575 संख्यक पत्र के विषय में मुझे कहना है कि...' अनुवाद पर्याप्त रहेगा।

इस तरह के पत्रों में प्रायः बार-बार आता है, 'I am to add' या 'I am further to add'। इस प्रकार की अभिव्यक्तियों को 'यह भी निवेदन है', 'इसके अतिरिक्त यह भी निवेदन है' आदि रूप में अनूदित करते हैं, किन्तु इन्हें भी छोड़ा जा सकता है।

पत्रों के अनुवाद में कुछ अन्य प्रकार की कठिनाइयाँ प्रायः आती हैं। उदाहरण के लिए, Yours faithfully तथा Yours sincerely के लिए क्रमशः 'भवदीय' तथा 'आपका' प्रयोग उपयुक्त होता है, क्योंकि अंग्रेज़ी का पहला प्रयोग कुछ अधिक औपचारिक है। हाँ, 'आपका ही' का प्रयोग नहीं किया जा सकता, क्योंकि वह प्रयोग निजी पत्रों के लिए अधिक उपयुक्त है, सरकारी या अर्धसरकारी के लिए नहीं। अंग्रेज़ी में कुछ लोग Yours truly का भी प्रयोग करते हैं। इसके लिए भी 'आपका' ही ठीक रहेगा। अंग्रेज़ी पत्रों में प्रायः आता है : A line in reply will be appreciated. इसके लिए एक अनुवाद में पाया—'उत्तर में एक पंक्ति प्रशंसित रहेगी'। इस तरह के अनुवाद पूर्णतः अनपेक्षित ही माने जायेंगे। इसके स्थान पर अनुवाद में 'उत्तर देकर अनुगृहीत करें, या उत्तर देने की कृपा करें' या 'उत्तर की प्रतीक्षा रहेगी' या 'उत्तर भिजवाने का कष्ट करें' लिखना अधिक अच्छा रहेगा।

प्रायः लोग शब्द-प्रति-शब्द कार्यालयी अनुवाद करते हैं। ज्यादा अच्छा यह हो कि पूरे वाक्य का भाव समझकर हिन्दी के मुहावरे को ध्यान में रखते हुए मुक्त अनुवाद किया जाये। एक उदाहरण लें—The existing rules regulating the issue of identity card inter alia provide that loss of identity card would entail a penalty of rupees five. It has now been decided to raise the amount to rupees ten. इसका मात्र यह अनुवाद पर्याप्त होगा—'पहचान-पत्र जारी करने से सम्बद्ध वर्तमान नियमों के अनुसार पहचान-पत्र खो जाने पर पाँच रुपये अर्थदण्ड के रूप में देना होता है। अब यह राशि बढ़ाकर दस रुपये कर देने का निश्चय किया गया है।' स्पष्ट है, यहाँ काफी-कुछ शब्दादि छोड़ दिये गये हैं, किन्तु कथ्य पूरी तरह और स्पष्ट रूप से आ गया है। शब्दशः अनुवाद व्यर्थ में बोझिल तो होता ही है, कभी-कभी अस्पष्ट भी हो जाता है।

अन्य सभी अनुवादों की तरह कार्यालयी अनुवाद में भी हिन्दी की प्रकृति के अनुरूप, जहाँ अपेक्षित हो, एक वाक्य के दो या अधिक वाक्य अथवा दो या अधिक वाक्यों के एक वाक्य किये जा सकते हैं। एक उदाहरण पर्याप्त होगा—We agree as a very special case. This should not however, be quoted as a precedent. इसका अनुवाद होगा—'विशेष मामला मानकर हम इसे सहमति देते हैं, किन्तु आगे उदाहरण के रूप में इसका उल्लेख न किया जाये।' ऐसे ही पदबन्ध का अनुवाद वाक्य-रूप में या वाक्य का अनुवाद पदबन्ध-रूप में भी किया जा सकता है। उदाहरणार्थ, 'Under process' का अनुवाद होगा—'कार्रवाई की जा रही है।'

कभी-कभी सूचना प्राप्त करने के लिए कार्यालयों में एक विशेष प्रकार के पत्र का प्रयोग होता है, जिसे कार्यालय-ज्ञापन कहते हैं। यह अन्य पुरुष में होता है। इसमें प्रायः अंग्रेज़ी में Undersigned शब्द का प्रयोग होता है, जिसके लिए 'अधोहस्ताक्षरी' शब्द का अनुवाद में प्रयोग करके 'अधोहस्ताक्षरी को यह कहने का निर्देश हुआ है कि वह अमुक कार्यालय में अमुक संख्यक ज्ञापन के सन्दर्भ में सूचित करे कि आदि' अनुवाद करते हैं। इसका सीधे-सादे शब्दों में 'कार्यालय का संख्यक ज्ञापन अथवा कार्यालय-ज्ञापन मिला। उसके सम्बन्ध में यह सूचित किया जा रहा है अथवा निदेशानुसार यह सूचित किया जा रहा है कि...' रूप में अनुवाद हिन्दी की प्रकृति के अधिक अनुकूल अतः सहज होगा। अंग्रेज़ी के शब्दशः अनुवाद से अनुवाद कृत्रिम अतः अटपटा हो जाता है।

एक अन्तिम बात यह ध्यान देने की है कि कार्यालयी भाषा पूरी तरह एकार्थी होनी चाहिए, एकाधिकार्थी नहीं। इसीलिए कार्यालयी अनुवाद में भी इस बात का ध्यान रखना चाहिए कि वाक्यों के एक से अधिक अर्थ न निकलें। एक हिन्दी वाक्य का एक अंग्रेज़ी अनुवाद पढ़ने को मिला—Ram was sentenced to death for the cold blooded murder of his friend by justice K.S. Shukla कहना न होगा कि पदक्रम की गड़बड़ी से इस वाक्य का एक अर्थ यह भी निकलता है कि न्यायाधीश ने हत्या की थी, यद्यपि मूल कथ्य ऐसा है नहीं।

बैंकिंग अनुवाद

बैंक कार्य में जनता के साथ लेन-देन, उसका हिसाब, उसकी कानूनी वैधता तथा दैनिक, कार्यालयी कार्य आ जाते हैं। इसके लिए कई तरह के फार्म, सूचना, निविदा, विज्ञापन, पत्र, प्रेस-सूचना, टिप्पणी, प्रारूप, ज्ञापन, परिपत्र अधिसूचना, रिपोर्ट नियम-पुस्तकें आदि सामग्री का प्रयोग किया जाता है। यह सभी सामग्री मूलतः अंग्रेज़ी में थीं, इसीलिए उसका हिन्दी तथा प्रादेशिक भाषा में अनुवाद कार्य की आवश्यकता है। बैंकिंग अनुवाद की व्याप्ति एक छोटे-से निकासी फार्म से लेकर बैंकिंग नियमों की पुस्तकों तक व्याप्त है। इन सबको इन दो वर्गों में विभाजित कर सकते हैं :

1. स्थायी सामग्री : स्थायी सामग्री के अनुवाद में संविदा, करार, लाइसेंस, परमिट, पत्रशीर्ष, कोड, मैनुअल, फार्म आदि आ जाते हैं। स्थायी सामग्री का अनुवाद एक बार कर देने पर काफी लम्बे समय तक उसका उपयोग किया जा सकता है। इस सामग्री का अनुवाद काफी सोच-समझकर करना होता है, क्योंकि इसमें कही गयी बातों का स्थायी महत्त्व होता है और लोग उसे प्रमाण के तौर पर उद्धृत करते हैं। अनुवाद की गलती या संदिग्धता उपभोक्ता और बैंक दोनों को हानि पहुँचा सकती है।

2. अस्थायी सामग्री : अस्थायी सामग्री के अनुवाद में विज्ञापन, निविदा, परिपत्र, कार्यालय आदेश, प्रेस विज्ञापन सूचना, वार्षिक रिपोर्ट आदि आ जाते हैं। बैंकिंग साहित्य की अस्थायी सामग्री का अनुवाद एक सतत प्रक्रिया है। ऐसा करना संविधान की अपेक्षा का पालन करना है। जब तक द्विभाषिकता की स्थिति बनी रहेगी, इस प्रकार के साहित्य का अनुवाद होता रहेगा।

बैंकिंग अनुवाद की समस्याएँ

बैंकिंग कार्य के स्थायी और अस्थायी दोनों प्रकार के साहित्य का अनुवाद बड़ी सतर्कता से करना आवश्यक होता है। सम्पूर्ण बैंक-व्यवहार अर्थ से जुड़ा है और

आर्थिक व्यवहार बड़ा जोखिम भरा होता है। यहाँ सम्पूर्ण व्यवहार लिखित रूप में होता है और उसके साथ कानूनी वैधता अभिन्न रूप से जुड़ी है। इसीलिए यहाँ सारानुवाद-भावानुवाद जैसे स्थूल अनुवाद की अपेक्षा आदर्श अनुवाद की आवश्यकता होती है। अर्थ की नियतता, सुस्पष्टता और शुद्धता यहाँ अनिवार्य होती है। बैंकिंग आदर्श अनुवाद में कुछ समस्याएँ आती हैं, उससे जूझना बैंक अनुवाद की नियति है।

1. फार्मों के अनुवाद की समस्या : बैंकिंग साहित्य के अनुवाद में सबसे बड़ी समस्या फार्मों के अनुवाद की होती है। कार्यालयी सन्दर्भ में फार्म एक साँचा है, जिसमें जानकारी प्रस्तुत की जाती है। विशिष्ट स्वरूप में, या विन्यास में जानकारी प्रस्तुत करने से कई तरह के अर्थ मिलने लगते हैं। बैंकिंग क्षेत्र में अनेक दृष्टि एवं अनेक स्वरूप में जानकारी प्रस्तुत की जाती है। विशिष्ट प्रकार की जानकारी प्रस्तुत करने के लिए उसी के अनुरूप साँचा यानी फार्म तैयार किया गया है। बैंकों ने जनता के लिए अनेक फार्म बनाये हैं, जो परस्पर लेन-देन के काम आते हैं। इसी प्रकार की व्यवस्था आन्तरिक कामकाज के लिए भी की गयी है। विभागीय कामकाज के अनुरूप फार्म बना लिए गये हैं, जो खुले फार्मों तथा रजिस्टर फार्मों के रूप में पाये जाते हैं। छोटी-छोटी छपी हुई पर्चियाँ फार्म का एक रूप हैं।

फार्मों का अनुवाद आमतौर पर सरल समझा जाता है, परन्तु गहराई से देखने पर वह उतना सरल नहीं है, जितना कि लगता है। फार्मों का अनुवाद करते समय अनुवादक अनेक सीमाओं में बँधा होता है। सबसे पहले तो वह फार्म में उपलब्ध सीमित स्थान से बँधा होता है। इसीलिए अनुवाद को फैलाकर नहीं लिखा जा सकता। उसे सम्पृक्त और सामासिक शब्दों का प्रयोग भी करना होता है। और क्लिष्टता से बचना भी होता है। अधिकतर फार्म द्विभाषिक होते हैं। इनके अनुवाद में पंक्ति, शब्द और पदवार का ध्यान रखना पड़ता है।

2. बहुरूपता की समस्या : बैंकिंग साहित्य का अनुवाद बहुत हद तक तकनीकी विषय है। अतः इसके लिए एक निश्चित पारिभाषिक शब्दावली का होना अत्यधिक आवश्यक होता है। सरकार ने अर्थशास्त्र शब्दावली, वाणिज्य शब्दावली, मानविकी पारिभाषिक शब्दावली के माध्यम से बैंकिंग के बहुत से तकनीकी शब्दों के पर्याय स्थिर कर दिये हैं। सभी बैंकों में एक समान तकनीकी शब्द अपनाए जायें, इस उद्देश्य से भारतीय रिजर्व बैंक ने एक 'बैंकिंग शब्दावली' भी तैयार की है। इतना सब कुछ प्रबन्ध होने के बावजूद बैंकिंग अनुवाद में एकरूपता का अभाव दिखाई देता है। इसके लिए बैंकिंग अनुवाद के प्रति अगम्भीर दृष्टिकोण

तथा अनुवाद में कर्मचारियों का अज्ञान और आलस्य जिम्मेदार है। आज बैंकिंग अनुवाद को 'खानापूर्ति' का स्वरूप प्राप्त हुआ है। शासकीय आदेशों के दबाव में यह खानापूर्ति होती है। डॉ. भोलानाथ तिवारी ने बैंकिंग अनुवाद में पाई जाने वाली बहुरूपता के लिए 'अनुवादक को विषय-वस्तु का ज्ञान न होना, अनुवाद में की जाने वाली जल्दबाजी, अनुवाद सन्दर्भ साहित्य का अभाव, प्रशिक्षण की कमी, अनुवाद-पुनरीक्षण का आलस्य' आदि को जिम्मेदार माना है।

अनुवाद में एकरूपता आने के लिए समानार्थी शब्दों का सुयोग्य चयन आवश्यक होता है। बैंकिंग-क्षेत्र में प्रयोग किये जाने वाले शब्दों को मोटे तौर पर छह वर्गों में वर्गीकृत किया जा सकता है—

1. अंग्रेज़ी शब्द अपने मौलिक रूप में: इक्विटी, एजेंट, कमीशन, काउंटर, चैक, टैरिफ, रजिस्टर, बिल, लाइसेंस आदि।

2. अंग्रेज़ी शब्द विकृत रूप में: इंडेटकर्ता, गारण्टीकृत मशीनीकरण, लाइसेंसीकरण, माँग ड्राफ्ट आदि।

3. अंग्रेज़ी ध्वनि साम्य वाले शब्द: कूट, क्रोड, बन्धपत्र, रसीद आदि।

4. पुराने प्रचलित देशी शब्द: अगाइ, अनावरी, आढ़ति-कटौती, कुर्की, खजाना, तिजोरी, दलाली, पेशगी, बही, रुक्का, रेहन, रोकड़ आदि।

5. अंग्रेज़ी शब्दों के सामानार्थी अन्य भाषा के शब्द: at par, ad valorem, interim (फ्रेंच) nostro account, lara account, vastra account (इतालवी)

6. अंग्रेज़ी वाक्यांशों के समानार्थी वाक्यांश: effects not cleared = वसूली नहीं हुई, no effects = रुपया नहीं है, call rate = शीघ्रावधि ब्याज दर, advice fate = प्रामाणिक सूचनार्थ आदि।

बहुस्रोतीय बैंक शब्दावली के कारण उचित शब्द-चयन में कठिनाई आती है। तकनीकी विषय होने के नाते बैंकिंग के अधिकांश शब्द एक निश्चित अर्थ में प्रयुक्त होते हैं, जो सामान्य बोलचाल के अर्थ से एक विशिष्ट अर्थ रखते हैं। सूक्ष्म अर्थ-भेद को मद्देनजर रखकर सुयोग्य शब्द का चयन करना आवश्यक होता है। इसके अभाव में अनुवाद में बहुरूपता आ जाती है।

3. विषय तथा सन्दर्भ सापेक्षता की समस्या: बैंकिंग ही नहीं हर प्रकार का अनुवाद विषय तथा सन्दर्भ सापेक्ष होता है। केवल कोश देखकर अनुवाद करने से काम नहीं चलता। विषय-क्षेत्र, प्रयोजन तथा शैली के अनुसार अनुवाद के स्वरूप में परिवर्तन आ जाता है। केवल शाब्दिक अनुवाद संदिग्ध, हास्यास्पद तथा हानिप्रद भी होता है जैसे—candidate should have completed thirty five years of age का अनुवाद—'उम्मीदवार को चाहिए कि वह पैंतीस वर्ष का

हो'। अटपटा तथा हास्यास्पद होगा। 'उम्मीदवार की उम्र पैंतीस साल की हो।' अनुवाद ठीक होगा।

4. संक्षिप्तियों की समस्या: बैंकिंग जगत में संक्षेप में लिखने का बड़ा महत्त्व है। बैंकों में प्रयुक्त संक्षिप्त अंग्रेज़ी शब्दों की सूची काफी बड़ी है। अनुवादक समझ नहीं पाता कि वह ऐसे संक्षिप्त शब्दों का अनुवाद करते समय कौन-सी पद्धति अपनाए? अंग्रेज़ी संक्षिप्त अक्षरों को ज्यों का त्यों देवनागरी में लिख दें? उन्हें खोलकर हिन्दी में अनुवाद कर दें? या उसके हिन्दी अर्थ का संक्षिप्त रूप रखें? अंग्रेज़ी संक्षिप्त अक्षरों के लोग इतने अभ्यस्त हो चुके हैं कि उनके लिए हिन्दी पर्याय देना और उसे सामान्य बना देना सम्भव नहीं जान पड़ता। ऐसी स्थिति में अंग्रेज़ी के रूपों को ही देवनागरी में लिख देना उचित लगता है। जैसे नाबार्ड, आई.एफ.डी.एफ.ओ.बी. आदि। लेकिन कुछ ऐसे शब्द हैं जिनके हिन्दी में पर्याय दिये जा सकते हैं। जैसे–एल.डी.बी. के लिए भू.वि.बै., पी.डी.ओ. के लिए लो.ऋ.का. आदि। बैंकिंग में प्रयुक्त संक्षिप्तियों की भारी संख्या को देखकर उन पर गम्भीरता से सोचना आवश्यक है और उनके प्रयोग के विषय में निश्चित नियम निर्धारित करना आवश्यक है।

5. स्रोत और लक्ष्य भाषा की प्रकृति से सम्बन्धित समस्याएँ: बैंकिंग अनुवाद की स्रोत भाषा अंग्रेज़ी है और लक्ष्य भाषा हिन्दी है। अतः सभी प्रकार की विदेशी भाषा से अनुवाद की समस्याओं का सामना यहाँ अनुवादक को करना होता है। शब्द-निर्माण, अर्थ-निर्धारण तथा वाक्य-विन्यास के धरातल पर अंग्रेज़ी और हिन्दी में पर्याप्त भेद है। अनुवादक को चाहिए कि स्रोत और लक्ष्य भाषा की प्रकृति को गहराई से समझें। प्रायः देखा गया है कि अंग्रेज़ी तर्ज पर जब हिन्दी में शब्द-रचना तथा वाक्य रचना की जाती है, तब वहाँ अटपटापन तो आता ही है, अर्थगत क्लिष्टता भी आ जाती है जैसे–Signature verified by me का अनुवाद प्रायः 'मेरे द्वारा हस्ताक्षर सत्यापित किया गया होता है, जबकि हिन्दी भाषा की प्रकृति के अनुरूप 'हस्ताक्षर मैंने सत्यापित किया' होना चाहिए। निक्षिप्त वाक्यांश (Parenthesis) अंग्रेज़ी में सहज लगते हैं, हिन्दी में नहीं। जैसे–'बैंक ने आपको ऋण जो मियादी ऋण था देने के लिए जो फार्म दिया था उसे आपने भरकर नहीं भेजा।'

6. क्लिष्टता की समस्या: सभी प्रकार के कार्यालयी अनुवाद के साथ क्लिष्टता की समस्या जुड़ी है। कार्यालयी-भाषा पारिभाषिक शब्दावली प्रधान होती है। आम आदमी उससे परिचित नहीं होता, इसीलिए उसे कार्यालयी भाषा क्लिष्ट लगती है। बैंकिंग अनुवाद में भी यह समस्या बड़े पैमाने पर देखी जाती

है। इसीलिए आम आदमी बैंकों में 'निकासी पर्ची' तक हिन्दी में भरने की अपेक्षा अंग्रेज़ी में भरता हुआ दिखाई देता है। क्लिष्टता की समस्या के प्रमुख दो कारण हैं—1. पारिभाषिक शब्दावली और 2. हिन्दी की प्रकृति के अनुरूप वाक्य रचना का ना होना। पारिभाषिक शब्दावली का प्रचलन हो इसीलिए विशेष प्रयास की जरूरत है। प्रयोग से ही प्रचलन होता है। प्रचलन नहीं इसीलिए प्रयोग नहीं और प्रयोग नहीं इसीलिए प्रचलन नहीं। इस तरह का दुष्चक्र निरन्तर चल रहा है।

अनुवाद करते समय अनुवादक को हमेशा ध्यान रखना चाहिए कि यह अनुवाद हम किसके लिए कर रहे हैं? इसका पाठक कौन है? पाठक का ध्यान रखे बिना किये गये अनुवाद से अनुवाद के प्रयोजन की सिद्धि नहीं होती। ठीक इसी प्रकार पाठकों को भी चाहिए कि वे नये-नये शब्दों से परिचित होने के लिए थोड़ा श्रम करें।

कुल मिलाकर बैंकिंग उद्योग का काम हिन्दी-अनुवाद के माध्यम से धीरे-धीरे होने लगा है। इसके लिए सुचारु ढंग के लिए प्रयास भी हो रहे हैं। अनुवाद के प्रति गम्भीरता, उचित सन्दर्भ साहित्य का निर्माण, अनुवादक की विषय तथा भाषायी क्षमता में वृद्धि विशेष प्रशिक्षण और अपनी भाषा के प्रति अटूट विश्वास और आस्था के सहारे बैंकिंग अनुवाद की समस्याओं का निराकरण किया जा सकता है। इसके लिए बैंक कर्मचारी तथा उपभोक्ता दोनों की दृष्टि और मानसिकता में परिवर्तन की आवश्यकता है।

बैंकिंग में प्रयुक्त होने वाली कुछ विशिष्ट शब्दावली

Risk management = जोखिम प्रबन्धन
Capital Adequacy = पूँजी पर्याप्तता
Non-performing asset = अलाभकारी आस्ति
Monetary & Credit Policy = मुद्रा और ऋण नीति
Liquidity = चलनिधि
Cash Reserve Ratio (CRR) = आरक्षित नकदी निधि अनुपात (आना)
Prime Lending Rate = मूल उधार दर (मूद)
Post-Shipment Loan = लदानोत्तर ऋण
London Inter Bank Offered Rates (LIBOR) = लन्दन अन्तर बैंक प्रस्तुत दर (लिबोर)
Global Development Finance = वैश्विक वित्त विकास
Global Depository Receipt = वैश्विक निक्षेपागार रसीद।

Foreign Institutional Investor = विदेशी संस्थागत निवेशक
Efficient Use = दक्षतापूर्ण उपयोग
Disclosure Norms = प्रकटीकरण मानदण्ड
Security and Exchange Board = प्रतिभूति और एक्सचेंज बोर्ड
Currency Lustability = मुद्रा अस्थिरता
External Debt Crisis = बाह्य कर्ज संकट
Health of Governance System = अभिशासन प्रणालियों की सुदृढ़ता
Operational Autonomy = परिचालन स्वायत्तता
Affiliates and subsidiaries = सम्बद्ध और अनुषंगी
Prudential Norms = विवेकपूर्ण मानदण्ड
Information disclosure systems = सूचना-प्रकटीकरण प्रणालियाँ
Disclosure Standard = प्रकटीकरण मानदण्ड
Governance Processes = अभिशासन प्रक्रियाएँ
WTO = विश्व व्यापार संगठन
Dispute Settlement Body = विवाद निपटान निकाय
Balance of Payment = भुगतान सन्तुलन
Open General License List = खुली सामान्य लाइसेंस-सूची
Foreign Exchange Income = विदेशी मुद्रा आय
Regulations = विनिमय
Flexibility = लचीलापन
Swap Rate = विनिमय दर
Devaluation = अवमूल्यन
Governance = अभिशासन
Dividend = लाभांश
Share Transfer = शेयर अन्तरण
Public Governances = सार्वजनिक अभिशासन
Interaction = अन्तर्व्यवहार
Tariff = प्रशुल्क
Convertibility = परिवर्तन

मीडिया अनुवाद

मीडिया अनुवादः स्वरूप एवं व्याप्ति

मीडिया अनुवाद का क्षेत्र अत्यधिक व्यापक है। मीडिया चाहे वह मुद्रण हो, श्रव्य हो या दृक-श्रव्य, उनकी विभिन्न विधाओं के मौलिक लेखन के साथ ही अनुवाद, भाषान्तरण तथा रूपान्तर का कार्य आवश्यक होता है। मीडिया-भेद, विधा-भेद तथा विविध प्रयोजन भेद के आधार पर मीडिया अनुवाद के स्वरूप में अन्तर आ जाता है। कहीं यह अनुवाद शब्दानुवाद होता है, कहीं सारानुवाद होता है, कहीं भावानुवाद होता है तो कहीं आशु अनुवाद होता है। कहीं भाषान्तरण होता है, तो कहीं रूपान्तरण भी होता है, कहीं यह अनुवाद अंग्रेज़ी या अन्य किसी विदेशी भाषा से भारतीय भाषा में होता है, तो कहीं एक भारतीय भाषा से कई भारतीय भाषाओं में होता है। मीडिया की अपनी कई विधाएँ हैं। हर एक का अपना स्वरूप है, अपनी स्वरूपगत विशेषताएँ हैं। उन्हीं विशेषताओं की रक्षा करते हुए अनुवाद कार्य किया जाना होता है। साहित्य, विज्ञान, व्यवसाय, तकनीकी, प्रौद्योगिकी, शिक्षा, क्रीड़ा, अर्थ, राजनीति आदि क्षेत्र के साहित्य तथा सूचनाएँ अब इंटरनेट पर सभी भाषाओं में उपलब्ध कराने का प्रयास हो रहा है। अतः माध्यम अनुवाद में अब मात्र माध्यम विधा अनुवाद ही नहीं जन-जीवन से जुड़े हर क्षेत्र की सूचनाओं का अनुवाद मीडिया अनुवाद की व्याप्ति में समाने लगा है।

मीडिया अनुवाद के इस व्यापक क्षेत्र का सम्पूर्ण परिचय देना सम्भव नहीं, इसीलिए पत्र-प त्रिकाएँ, रेडियो, टेलीविज़न तथा इंटरनेट में अनुवाद के प्रमुख प्रयोग क्षेत्र का संक्षिप्त परिचय इस प्रकार दिया जा सकता है :

1. समाचार अनुवादः मुद्रण, श्रव्य तथा दृक-श्रव्य माध्यमों की एक प्रमुख विधा समाचार है। दैनिक पत्र, रेडियो तथा टेलीविज़न न्यूज चैनलों का उपजीव्य ही समाचार है। दैनिक पत्रों और टेलीविज़न चैनलों के अपने निजी संवाददाता होते हैं, जो समाचार संकलन तथा लेखन कार्य करते हैं। साथ ही देशी-विदेशी

समाचार एजेंसियों से भी प्राप्त होते हैं। सभी स्रोत से प्राप्त समाचारों के अनुवाद मुद्रण, श्रव्य तथा दृक-श्रव्य माध्यम अपने माध्यमानुकूल ढंग से करते हैं। इनकी दो विधियाँ होती हैं। यदि मूल सामग्री एक ही समाचार एजेंसी द्वारा आयी, तो उसी को अनुवाद का आधार बनाया जाता है, लेकिन यदि कई स्रोतों से आयी है, वहाँ राइटअप या प्रारम्भिक एक दो-परिच्छेद दो या अधिक व्यक्तियों की सहायता से लिखाए जाते हैं और उसी को अनुवाद का आधार बनाया जाता है। मीडिया अनुवादक के पास अनुवाद के लिए पर्याप्त समय नहीं होता, शीघ्रातिशीघ्र अनुवाद करना होता है। टेलीविज़न-समाचार तो और भी तेज़ होता है और आपसी प्रतियोगिता में उसे और तेज़ होना आवश्यक होता है इसीलिए यहाँ आदर्श अनुवाद के पीछे न पड़कर सारानुवाद या भावानुवाद किया जाता है। आवश्यकतानुसार कहीं सारानुवाद, कहीं शब्दानुवाद तो कहीं भावानुवाद का सहारा लिया जाता है। इस तरह मीडिया-अनुवाद एक तरह मिश्रानुवाद होता है। टेलीविज़न समाचारों में कभी-कभी आशु अनुवाद का भी सहारा लेना पड़ता है।

माध्यम की भाषा-प्रकृति अलग होती है। इसीलिए समाचारों की भाषा भी अलग होती है। समाचार-पत्र का पाठक पढ़ा-लिखा शिक्षित होता है इसीलिए मुद्रित समाचार की भाषा लिखित भाषा के गुणों से युक्त होती है और श्रव्य तथा दृक-श्रव्य माध्यमों की उच्चरित। श्रव्य तथा दृक-श्रव्य माध्यमों के श्रोता और दर्शक शिक्षित अशिक्षित तथा समाज के सभी वर्गों से आते हैं। इसीलिए उनके समाचारों की भाषा मुद्रण माध्यमों से पृथक होती है। जन भाषा या जन सुलभ भाषा का प्रयोग यहाँ आवश्यक होता है।

माध्यम कोई भी हो समाचार-अनुवादक का ध्यान मुख्यतः भाषा की सरलता तथा शैली की रोचकता पर होना चाहिए। अनुवादक को इस बात का ध्यान रखना चाहिए कि समाचार न तो कोई दो-चार बार पढ़ना चाहता है, न सुनना चाहता है इसीलिए सटीक, सरल शब्द चयन, संक्षिप्त वाक्य-रचना और अर्थ की सुस्पष्टता आवश्यक होती है।

समाचार कई क्षेत्रों से सम्बन्धित और कई तरह के होते हैं। अनुवादक को विभिन्न क्षेत्रों की स्रोत तथा लक्ष्य भाषा की विशेष शब्दावली की जानकारी आवश्यक होती है।

2. लेखादि साहित्यानुवाद: साहित्य और मीडिया का परस्पर अभिन्न सम्बन्ध होता है। मुद्रित माध्यम में विभिन्न विषयों के लेख, कहानी, कविता, रिपोर्ताज, संस्मरण आदि का मौलिक लेखन भी होता है और अनुवाद भी। सद्यः गतिविधियाँ, समस्याएँ तथा अन्य विभिन्न विषयों पर प्रकाशित लेखों में कई लेख अन्य

भाषाओं से अनूदित होते हैं। यह अनुवाद मुख्यतः अंग्रेज़ी से भारतीय भाषाओं में होता है। रेडियो पर प्रसारित कुछ वार्ताएँ भी अनूदित होती हैं। रेडियो पर प्रसारित होने वाले अधिकांश रेडियो नाटक अनूदित होते हैं। एक ही नाटक कई भारतीय भाषाओं में अनूदित होता है। टेलीविज़न के चैनलों पर दिखाई जाने वाली टेलीफिल्में तथा साहित्य रचनाओं पर आधारित धारावाहिक अन्य भारतीय भाषाओं से अनूदित रचनाओं पर आधारित होते हैं। इस तरह मुद्रण, श्रव्य तथा दृक-श्रव्य माध्यमों में साहित्यिक अनुवादों का प्रयोग किया जाता है।

आजकल इंटरनेट जगत पर प्राप्त सूचनाएँ अंग्रेज़ी के अतिरिक्त अन्य भारतीय भाषाओं में उपलब्ध कराई जाती हैं। उनमें विभिन्न विषयों और क्षेत्रों से सम्बन्धित लेखादि भी होते हैं। इंटरनेट ने अनुवाद के क्षेत्र में नयी क्रान्ति लायी है। भूमंडलीकरण के युग में साहित्य शब्द का प्रयोग भी बहुत व्यापक अर्थ में करना अनिवार्य हो गया है। आज समस्त ज्ञान राशि के संचय को ही साहित्य कहा जा रहा है। सृजनात्मक साहित्य उसका एक अंग है और जीवन के विभिन्न क्षेत्रों से सम्बन्धित विषयों के पाठ भी उसी के अंग हैं। इंटरनेट पर वे सब उपलब्ध हैं और उसके कई भाषाओं में अनुवाद भी। इंटरनेट ने मशीनी अनुवाद का भी सहारा लिया है।

3. डब फिल्मों और सब टाइटल के अनुवादः फिल्म तथा टेलीविज़न मीडिया अनुवाद का यह एक नया क्षेत्र खुल गया है। विदेशी तथा देशी फिल्मों की अन्य भाषा में डबिंग आज एक सफल व्यवसाय बन गया है। अंग्रेज़ी तथा अन्य पाश्चात्य भाषाओं की लोकप्रिय फिल्में हिन्दी भाषा में डब करके दिखाई जा रही हैं। साथ ही भारतीय फिल्में भी अलग-अलग भाषाओं में डब की जा रही हैं। डब से तात्पर्य है किसी फिल्म के साउण्ड ट्रेक (Sound track) को दूसरी भाषा में बदलना। यह केवल अनुवाद नहीं बल्कि फिल्म कला और अनुवाद कला के समन्वय का चरम बिन्दु है। इसमें संवाद, ध्वनि, संगीत, गीत आदि का एक भाषा से दूसरी भाषा में रूपान्तरण किया जाता है। डब करने में कई सृजनात्मक एवं तकनीकी दिक्कतें होती हैं। दोनों भाषाओं में दक्ष व्यक्ति को स्क्रिप्ट की आत्मा समझनी होती है। हर एक दृश्य के विकास की जाँच करनी होती है और वाक्यों की लम्बाई और चरित्रों के होठों की हरकतों (Lip movement) का सुयोग मेल करके शब्दों की योजना करनी होती है। यह अनुवाद एक तरह से पुनर्सृजन की तरह ही होता है।

चरित्रों के संवादों के साथ ही गीतों का भी इसी तरह अनुवाद किया जाता है। डबिंग के संवादों तथा गीतों की अनुवाद प्रक्रिया को देखकर कहा जा सकता है

कि फिल्म लेखन की अपेक्षा यह अनुवाद-कार्य ज्यादा कठिन और पेचीदा होता है।

फिल्मों के समान ही टेलीविज़न के वृत्तान्त, धारावाहिक भी डब किये जा रहे हैं। इसकी अनुवाद प्रक्रिया भी डब फिल्मों की तरह ही होती है। फिल्मों के अनुवाद के साथ जुड़ा एक नया भेद सब टाइटलों का है। किसी फिल्म के संवादों तथा गीतों के साथ-साथ अन्य भाषा में लिखित संवाद दिखाए जाते हैं। यहाँ चरित्रों की होठों की हरकतों पर ध्यान नहीं देना है, बल्कि संवाद की अवधि में पढ़े जा सके इतने सरल तथा सहज शब्दों की योजना करनी होती है।

4. निवेदन तथा अन्य सूचनाएँ: मुद्रण माध्यम में प्रकाशित टिप्पणियाँ, प्रेस विज्ञप्तियाँ तथा अन्य सूचनाओं के अनुवाद करने होते हैं। रेडियो पर प्रसारित अखिल भारतीय संगीतों के कार्यक्रमों में कलाकार तथा उनकी कलाओं के विषय में संक्षिप्त निवेदन अंग्रेज़ी के साथ हिन्दी या अन्य भारतीय भाषा में दिया जाता है। इस तरह के अनुवाद में स्रोत सामग्री के क्षेत्र तथा उनकी विशिष्ट शब्दावली से परिचित होना आवश्यक होता है। टेलीविज़न पर कई तरह की सूचनाएँ अंग्रेज़ी तथा अन्य भारतीय भाषा में चलायी जाती हैं।

5. विज्ञापन अनुवाद: विज्ञापन प्रमुखतः उद्योग, वाणिज्य-व्यापार का संचार साधन है, जो विविध जनसंचार माध्यमों द्वारा अपना कार्य करता है। उद्योग-व्यापार के अतिरिक्त व्यक्ति के निजी कार्यों से लेकर राजनैतिक, आर्थिक, सामाजिक, सांस्कृतिक, धार्मिक कार्यों में भी विज्ञापनों का सफलता से प्रयोग किया जाता है। पहले विज्ञापन अंग्रेज़ी भाषा में तैयार किये जाते थे और बाद में उसे अन्य भाषा में अनूदित किया जाता था। आज हिन्दी में भी विज्ञापन तैयार किये जा रहे हैं। सरकारी विज्ञापन अंग्रेज़ी तथा हिन्दी और अन्य क्षेत्रीय भाषा में होते हैं। इसलिए विज्ञापन के क्षेत्र में अनुवाद का कार्य बड़े पैमाने पर किया जाता है। विज्ञापनों का स्वरूप संचार माध्यम तथा विज्ञापनदाता, विज्ञापन प्रयोजन आदि के अनुसार तरह-तरह का होता है। संचार माध्यमों के अनुरूप उसमें भाषा के साथ अन्य अंगों का समावेश होता है। अनुवाद कार्य विज्ञापन के पाठ (Copy) के साथ जुड़ा हुआ है। मुद्रित माध्यम के विज्ञापनों में शब्दों के साथ चित्रों का भी प्रयोग होता है और भाषा यहाँ लिखित रूप में प्रयुक्त होती है। इसीलिए शब्दों के साथ यहाँ लिपि का भी कलात्मक एवं प्रभावी प्रयोग आवश्यक होता है। रेडियो विज्ञापनों में उच्चरित शब्द और संगीत का प्रयोग होता है, टेलीविज़न-विज्ञापनों में लिखित तथा उच्चरित, दोनों तरह के शब्दों का प्रयोग होता है। अनुवादक को विज्ञापनीय भाषा की गहरी समझ आवश्यक होती है। टेलीविज़न-विज्ञापनों में फिल्मों की तरह डबिंग कार्य भी किया जाता है।

कुल मिलाकर जनसंचार माध्यमों की व्याप्ति के साथ मीडिया अनुवाद का क्षेत्र विस्तृत होता हुआ दिखाई देता है।

मीडिया अनुवाद की समस्याएँ

अनेक विद्वानों का मानना है कि संचार माध्यमों के लिए मौलिक लेखन की अपेक्षा उसके अनुवाद का कार्य अधिक कठिन है। अनुवादक को यहाँ कई तरह की समस्याओं का सामना करना पड़ता है। मीडिया अनुवाद की प्रमुख समस्याएँ निम्नलिखित हैं :

1. **विषय वैविध्यः** विविध माध्यमों में विविध विषयों तथा विविध विधाओं में मीडिया-साहित्य प्रस्तुत होता है। एक विधा में भी कई विषय प्रस्तुत होते हैं। जैसे—पत्र-पत्रिकाओं में राजनैतिक समाचार, वित्त समाचार, प्रतियोगी सूचनाएँ, बच्चों, महिला तथा वृद्धों के लिए विशेष पठनीय साहित्य, चिकित्सा सम्बन्धी नये शोध-कार्य, ज्योतिष, सिनेमा साहित्य, विज्ञान आदि से सम्बन्धित साहित्य तथा रेडियो और दूरदर्शन का भी यही हाल है। अतः मीडिया अनुवादक के सामने यह बहुविध सामग्री होती है। इसके अनुवाद के लिए विभिन्न अनुशासन की शब्दावलियाँ उपलब्ध हैं, लेकिन उसका प्रयोग करते समय माध्यम का स्वरूप और उसके पाठक, श्रोता और दर्शक का भी ध्यान रखना पड़ता है।

2. **अति तीव्र गति से अनुवादः** मीडिया अनुवादक के सामने दूसरी विकराल समस्या नियत अल्प समय में अनुवाद कार्य पूरा करने की होती है। अनुवादक के पास अनूदित सामग्री को दो-चार बार पढ़कर नहीं अनुवाद को संस्कारित करने का प्रायः समय नहीं होता। एक ही पाठ में पूरा अनुवाद कार्य अधिकाधिक निर्दोष रूप में करना होता है।

3. **शीर्षक अनुवाद की समस्याः** यह समस्या मूलतः पत्र-पत्रिकाओं से सम्बन्धित है। प्रथमतः अनुवादक को यहाँ ध्यान रखना चाहिए कि उसके द्वारा अनूदित शीर्षक समाचार-पत्र के सभी स्तरों के पाठकों को केवल समझ में ही नहीं आना चाहिए, वरन वे सभी को रुचिकर, ध्यानाकर्षक तथा व्यंजक लगने चाहिए। समाचारों के साथ ही सृजनात्मक साहित्य की विभिन्न विधाओं के शीर्षक, आकाशवाणी पर प्रसारित फीचर, रेडियो नाटक, वृत्तचित्रों तथा टेलीविज़न पर प्रसारित अनूदित (डबिंग) धारावाहिक, टेलीफिल्म, वृत्तचित्रों के शीर्षकों के अनुवाद में अनुवादक को काफी दिक्कतों का सामना करना पड़ता है। शीर्षकों की सभी विशेषताओं के साथ उनके अनुवाद करने के लिए अनुवादक में बहुभाषा सम्पन्नता के साथ ही सृजनात्मक क्षमता का भी अर्जन करना होता है। क्योंकि शीर्षकों का अनुवाद मात्र शब्दानुवाद नहीं है।

4. नाम तथा संज्ञाओं की समस्याः नाम तथा संज्ञाओं का मात्र लिप्यंतरण होता है, अनुवाद नहीं। हर लिपि की अपनी सीमा होती है। अन्य भाषा की सभी ध्वनियों को उसी रूप में उच्चारित करने या लिखित करने की क्षमता किसी एक भाषा और लिपि में नहीं होती। उदाहरण के लिए रोमन लिपि से देवनागरी में नाम तथा संज्ञाओं के लिप्यंतरण में कई समस्याओं का सामना करना पड़ता है। अंग्रेज़ी समाचार एजेंसियों द्वारा प्राप्त समाचारों में व्यक्ति तथा स्थानवाचक संज्ञा बड़ी अजीब ढंग से लिखी जाती है। द्रविड़ परिवार की कई भाषाओं में महाप्राण ध्वनियाँ नहीं हैं। अतः हिन्दी सें दक्षिण भारतीय भाषाओं में नामों के लिप्यंतरण में भी यही दिक्कत आ जाती है। यहाँ रामभरोसे, रामबरोसे हो जाता है और भोपाल बोपाल हो जाता है।

5. संक्षिप्तियों की समस्याः मीडिया साहित्य में विभिन्न देशों, प्रदेशों, राजनैतिक दलों, स्थानीय निकायों, प्राधिकरणों, निगमों, संस्थाओं, व्यक्ति नामों, नाम पूर्व आदरार्थी शब्दों, नाप-तोल सम्बन्धी शब्दों तथा विशिष्ट शब्दों के संक्षिप्त रूपों का प्रयोग होता है। इनके अनुवाद में मीडिया अनुवादक को सतर्कता बरतनी होती है। यदि अंग्रेज़ी शब्द की किसी संक्षिप्ति की हिन्दी-संक्षिप्ति बहुप्रचलन में हो, तो उस हिन्दी संक्षप्ति को ही प्राथमिकता देनी चाहिए। जैसे मार्क्सवादी कम्युनिस्ट पार्टी के लिए अंग्रेज़ी में CPIM और हिदी में माकपा, भारतीय जनता पार्टी के लिए BJP और भाजपा आदि। अनुवादक को चाहिए कि वह बहुप्रचलित हिन्दी संक्षिप्ति का ही प्रयोग करे। यदि किसी अंग्रेज़ी शब्द की हिन्दी संक्षिप्ति प्रचलन में न हो, तो शब्दों के रूपों के आवश्यकतानुसार प्रथमाक्षर को लेते हुए या किसी अक्षर को छोड़ते हुए नयी संक्षिप्तियाँ बनानी चाहिए—गढ़नी चाहिए, जो आगे चलकर प्रचलित होने की सम्भावना हो। जैसे आसुंका (आन्तरिक सुरक्षा कानून)। कहीं-कहीं अंग्रेज़ी संक्षिप्तियों को ध्वन्यानुकूलता के साथ भी अपनाना होता है। जैसे मीसा (MISA = Maintenance of Internal Security Act), फिक्की (FICCI = Federation of Indian Chamber of Commerce & Industry) आदि। जहाँ एक से अधिक हिन्दी संक्षिप्तियाँ प्रचलित हैं, वहाँ बहुप्रथा और सटीक संक्षिप्ति का चयन प्रभावी होती है। जिस शब्द की लक्ष्य भाषा में संक्षिप्ति नहीं है और स्रोत भाषा की ही संक्षिप्ति बहुप्रचलित है, वहाँ नयी संक्षिप्ति की आवश्यकता नहीं होती, प्रचलित संक्षिप्ति के लिप्यंतरण से काम चलाना चाहिए।

6. पारिभाषिक शब्दावली की समस्याः पारिभाषिक शब्दावली की समस्या मीडिया के मौलिक लेखन में भी होती है और अनुवाद में भी। जैसे कि पहले

लिखा गया है मीडिया का साहित्य जीवन के विभिन्न क्षेत्रों तथा अनुशासनों से सम्बन्धित होता है। यह साहित्य मौलिक भी होता है और अनूदित भी। मीडिया अनुवादक को मौलिक तथा अनूदित दोनों तरह के साहित्य का लक्ष्य भाषा में अनुवाद करना पड़ता है। इसीलिए मीडिया अनुवादक को एक क्षेत्र की नहीं, वरन विभिन्न क्षेत्रों की पारिभाषिक शब्दावली का अच्छा ज्ञान होना चाहिए। पारिभाषिक शब्दों के प्रयोग के साथ एक समस्या यह भी आती है कि यह मीडिया की सामग्री है और वह जन-सामान्य के लिए है। इसीलिए पारिभाषिक शब्दावली का प्रयोग करते समय जन-सामान्य में प्रचलित पारिभाषिक शब्दों का चयन आवश्यक हो जाता है, साथ ही अपरिचित-अप्रचलित पारिभाषिक शब्दों का प्रयोग भी ऐसी कुशलता के साथ करना होता है कि जन-सामान्य उसे सहजता से बोधित कर सकें।

7. संकल्पात्मक शब्दों की समस्या : यह समस्या भी पारिभाषिक शब्दावली के साथ जुड़ी एक अन्य समस्या है, वे पारिभाषिक शब्द जिनमें किसी विषय-विशेष की एक पूरी वैचारिक परम्परा समाहित रहती है, वह संकल्पात्मक शब्द कहे जाते हैं। जैसे Wealth शब्द का वित्त, आर्थिक सन्दर्भ में हिन्दी अनुवाद 'धन' होगा न कि संपत्ति। उक्त समस्याओं के साथ ही साहित्य, वित्त-वाणिज्य विज्ञान-तकनीकी, कार्यालयी, विधि आदि अनुवाद की समस्याएँ भी मीडिया अनुवाद में पाई जाती हैं, क्योंकि मीडिया साहित्य का सम्बन्ध व्यक्ति तथा समाज जीवन के सभी अंगों से होता है।

कामकाजी वाक्यांशों के हिन्दी अनुवाद :

1. Above Cited.
   * ऊपर उद्धृत, ऊपर दिया हुआ।
2. Above mentioned (said).
   * उपलिखित, उपर्युक्त/ऊपर कहा गया।
3. According to the terms and conditions.
   * उपबन्धों और शर्तों के अनुसार।
4. Acknowledge receipt of this office letter, dated...
   * इस कार्यालय-पत्र, दि....की पावती भेजिए।
5. Action has been taken accordingly
   * तदनुसार कार्यवाही की गयी है।
6. Administrative approval may be obtained.
   * प्रशासनिक अनुमोदन प्राप्त किया जाय।

7. Affidavit received from the emoployee is not in order.
   * कर्मचारी द्वारा प्राप्त शपथ-पत्र नियमित नहीं है।
8. Allotted duty of a Govt. servant.
   * सरकारी कर्मचारी का नियत कार्य।
9. Amended bill will be introduced in the next meeting.
   * अगली बैठक में संशोधित विधेयक प्रस्तुत किया जायेगा।
10. Anti-social activities should be checked.
   * असामाजिक कार्यकलाप रोके जाने चाहिए।
11. Any further reference in the matter, if required, may be made to the higher authorities.
   * इस मामले में, यदि कोई और पत्र-व्यवहार करना हो, तो उच्चाधिकारियों से किया जाय।
12. Appeal does not lie in this case.
   * इस मामले में अपील नहीं की जा सकती।
13. Appear for interview when called for.
   * बुलाये जाने पर साक्षात्कार के लिए उपस्थित हों।
14. A Revised statement is submitted for perusal.
   * संशोधित विवरण अवलोकनार्थ प्रस्तुत है।
15. Call for application.
   * आवेदन-पत्र माँगे जायें।
16. Call for the relevant papers.
   * सम्बन्धित कागजात मँगाये जायें।
17. Case is under consideration.
   * मामला विचाराधीन है।
18. Case is under investigation.
   * मामले की जाँच की जा रही है।
19. Case must be finalised on date.
   * मामला आज की तारीख में निपटाया जाये।
20. Competence of the sanctioning authority is doubtful.
   * स्वीकृति देनेवाले अधिकारी की सक्षमता संदेहप्रद है।
21. Confidential records of the employees called for interview may be sent under sealed cover.

* साक्षात्कार के लिए बुलाए गये कर्मचारियों के गोपनीय अभिलेख सील किये गये लिफाफे में भेजे जायें।

22. Daily allowances of the central Govt. servants have been raised.

* केन्द्रीय सरकार के कर्मचारियों के दैनिक भत्ते बढ़ा दिये गये हैं।

23. Delay in such departmental action is deeply regreted.

* इस प्रकार की प्रशासनिक कार्रवाइयों में विलम्ब करना बहुत खेदजनक है।

24. Department concerned may be advised accordingly.

* सम्बन्धित विभाग को तद्नुसार सूचित किया जाय।

25. Dispose off all pending paper.

* सभी बकाया कागजातों का निबटारा कर दें।

26. Early orders are solicited for efficient and successful working of the administration.

* प्रशासन के सुचारु एवं सफल कार्य-संचालन के लिए शीघ्र आदेश देने की प्रार्थना है।

27. Effective measures be taken to eradicate corruption cases.

* भ्रष्टाचार के उन्मूलन हेतु प्रभावशाली कार्रवाई की जाय।

28. Enquiry proceeding will start on due date.

* जाँच की कार्रवाई निश्चित तारीख को शुरू होगी।

29. Examine proposals in the light of the report, submitted by the enquiry committee.

* जाँच-समिति द्वारा प्रस्तुत प्रतिवेदन को दृष्टि में रखते हुए प्रस्तावों की परीक्षा करें।

30. No travelling allowance is permissible for appearing in the examination.

परीक्षा में बैठने के लिए कोई यात्रा-भत्ता देने की अनुमति नहीं है।

31. Period of suspension will count as leave due.

* निलम्बन-अवधि देय अवकाश समझा जायेगा।

32. Please treat this strictly confidential.

* कृपया इसे सर्वथा गोपनीय समझिये।

33. Refund the advance money as order.

* आदेश के अनुसार अग्रिम रकम वापस जमा करें।

34. Repayment of loan will commence from the next month.
* ऋणों की अदायगी अगले महीने से शुरू होगी।

35. Report may please be sent in the prescribed proforma before the target date.
* लक्ष्य तिथि के पहले निश्चित पत्रक पर रिपोर्ट भेजी जाय।

36. Resolution has been published in the gazette of India.
* भारत के राजपंत्र में संकल्प प्रकाशित किया गया है।

37. Supplementary budget grant will be provided on demand.
* माँग पेश करने पर पूरक बजट अनुदान उपलब्ध करने की व्यवस्था की जायेगी।

38. Technical advice should be taken before proposal is sent for approval.
* प्रस्ताव को अनुमोदनार्थ भेजने के पहले तकनीकी सलाह ली जाये।

39. Verification of antecedents is urgently required.
* पूर्ववृत्त का सत्यापन अविलम्ब अपेक्षित है।

40. Without any further reference.
* बिना किसी और पमरार्श के।

सरकारी टिप्पणियाँ संक्षिप्त

	अंग्रेज़ी	हिन्दी
1.	Draft for approval	अनुमोदन के लिए मसौदा
2.	For early approval	शीघ्र आदेश के लिए
3.	For perusal	अवलोकन के लिए/देखने के लिए
4.	For favour of orders	आदेश के लिए
5.	For favourable action	अनुकूल कार्रवाई के लिए
6.	For signature	हस्ताक्षर के लिए
7.	For onward transmission	आगे भेजने के लिए
8.	For perusal and return	देखकर लौटाने के लिए
9.	Forwarded and recommended	अग्रेषित और संस्तुत / सिफारिश की जाती है
10.	For sympathetic consideration	सहानुभूतिपूर्वक विचार के लिए

11. Instructions are solicited	कृपया अनुदेश दें/हिदायत दें
12. Minister has seen	मन्त्री जी ने देख लिया है
13. Needs no comment	टिप्पणी की आवश्यकता नहीं है
14. No reference is coming	पिछला निर्देश/सन्दर्भ/हवाला नहीं मिल रहा है
15. Order has been communicated	आदेश भेज दिया गया है।
16. Relevant orders are flagged	संगत आदेशों पर पर्ची लगा दी गयी है
17. Seen and spoken	देख लिया और बात कर ली
18. Submitted for information	सूचना के लिए प्रस्तुत
19. Submitted for orders	आदेश के लिए प्रस्तुत
20. Submitted for perusal	अवलोकन के लिए प्रस्तुत
21. Approved as proposed	यथा प्रस्ताव/प्रस्ताव के अनुसार अनुमोदित
22. Await further action	आगे की कार्रवाई की प्रतीक्षा करें
23. Discrepancy may be reconciled	विसंगति का समाधान कर लिया जाये
24. Do the needful	आवश्यक कार्रवाई करें
25. Await further action	अगली रिपोर्ट की प्रतीक्षा करें
26. Further orders will follows	आगे और आदेश भेजे जायेंगे
27. I agree	मैं सहमत हूँ
28. Issue today	आज ही भेजिए/भेज दिया जाय
29. Issue as amended	यथासंशोधित रूप में भेज दीजिए
30. Issue reminder urgently	तुरन्त अनुस्मारक/स्मरण-पत्र भेजिए
31. Keep in abeyance	मुल्तवी रखा जाये
32. Keep with the file	इसे मिसिल/फाइल के साथ रखिए
33. Matter is under consideration	मामला (विषय) विचाराधीन है
34. Obtain formal sanction	औपचारिक संस्वीकृति/मंजूरी प्राप्त करें

35. Office to note and comply	कार्यालय ध्यान दें और पालन करें
36. Open part file	खण्ड फाइल खोलें
37. Order may be issued	आदेश जारी कर दिया जाये
38. Please discuss	चर्चा कीजिए
39. Please speak	बात कीजिए
40. Please put up	कृपया प्रस्तुत करें
41. Please keep pending	कृपया इसे रोके रखा जाये
42. Please circulate and file	सभी को दिखाकर फाइल कर दीजिए
43. Please inform immediately	तत्काल सूचित कर दीजिए
44. Please expedite compliance	शीघ्र अनुपालन कीजिए
45. Paper under consideration	विचाराधीन कागज/स्मरण-पत्र भेज दें
46. Passed for payment	भुगतान के लिए पास किया गया
47. Reminder may be sent	अनुस्मारक/स्मरण-पत्र भेज दें
48. Sanctioned as propossed	प्रस्ताव के अनुसार मंजूर/यथा प्रस्ताव संस्वीकृत
49. Seen, issue	देख लिया, जारी कर दिया जाये
50. Seen and returned	देखकर वापस किया जाता है

कुछ सरकारी टिप्पणियाँ–विस्तृत

1. Returned in original with the remarks that the requisite information has already been sent in this office letter No........ dated.................
   मूल रूप से ही इस टिप्पणी के साथ लौटाया जाता है कि अपेक्षित सूचना पहले ही इस कार्यालय के पत्र सं. .... दिनांक .... द्वारा भेजी जा चुकी है।
2. The papers asked for by the Ministry of ... ... have been added to this file.
   ....मन्त्रालय ने जो कागज माँगे हैं, वे फाइल के साथ लगा दिये गये हैं।

3. The previous papers on the subject have been transferred to .... section who may kindly see for further action.
इस विषय के पहले कागज-पत्र...अनुभाग को अन्तरित कर दिये गये हैं। यह अनुभाग कृपया इस बारे में आगे की कार्रवाई के लिए देख लें।

4. Before we examine the proposal, we would request the Ministry of.........to add the papers in which concessions were originally sanctioned.
प्रस्ताव पर विचार करने से पूर्व हम........मन्त्रालय से उन कागजों को साथ लगा देने का अनुरोध करते हैं जिनमें ये रियायतें मंजूर की गयी थीं।

5. No action on our part seems to be called for. If approved, the papers may be recorded.
इस पर हमारी ओर से किसी कार्रवाही की जरूरत नहीं दिखती। यदि अनुमति हो तो कागजों को रिकार्ड कर दिया जाये।

6. The information we had called for on this subject from our attached/subbordinate offices has so far been furnished by only three of them. The remaining offices may be asked to send the requisite information by the 31st March.
इस विषय में हमने संलग्न/अधीनस्थ कार्यालयों से जो सूचना माँगी थी वह अब तक इनमें से केवल तीन ने भेजी है। शेष कार्यालयों से अपेक्षित सूचना 31 मार्च तक भेज देने को कहा जाये।

7. The application seems to be in order. We may have no objection to accord necessary permision as in the draft sanction put up.
आवेदन पत्र ठीक ही लगता है। मंजूरी के मसौदे के अनुसार आवश्यक अनुमति देने में हमें कोई आपत्ति नहीं होनी चाहिए।

8. There is no justification for interfering with the decision of the Director.
निदेशक के निर्णय में हस्तक्षेप करने का कोई औचित्य दिखाई नहीं पड़ता है।

9. Concurrence of Ministry of Finance is necessary as no provision exists in the Budget Estimates for the current year.
चालू वर्ष के बजट के अनुमानों में इसके लिए खर्च की व्यवस्था नहीं की गयी है, अतएव वित्त मन्त्रालय की सहमति लेना आवश्यक है।

10. Arrangements are being made to ensure timely submission of report.
समय पर रिपोर्ट पेश करने की व्यवस्था की जा रही है।

कामकाजी अनुच्छेदों के हिन्दी अनुवाद :

1. We have shifted our residence from Fancy Bazar to Aurangpura : We shall be gratefull if you make arrangement immediately for shifting our residential telephone to our new residence. We may state that a line connection is already there in the new flat. So the work to be done is negligible.

   हमने अपना निवास स्थान फैन्सी बाज़ार से औरंगपुरा बदल लिया है। यदि आप हमारे घर का टेलीफोन हमारे नये मकान में लगाने का तुरन्त प्रबन्ध कर दें, तो हम आपके आभारी होंगे। हम यह बता दें कि नये मकान में लाइन का कनेक्शन पहले से ही विद्यमान है। अतः जो काम होना है, वह नाममात्र का है।

2. The typewriter machine is out of order since long time and work has been suffering. Please ask the company to attend the machine immediately. As I pointed out to them on the phone to day we have not asked them to send us any estimates for it.

   टाइपराइटर मशीन बहुत समय से खराब पड़ी है और इससे काम का हर्ज हो रहा है। कृपया कम्पनी को इसे तुरन्त ठीक करने के लिए कहें। जैसे मैंने टेलीफोन पर बताया है, हमने उनको इसके लिए कोई अनुमान भेजने को नहीं कहा।

3. Some time back the wall clock of this department was removed by the manager and a time-piece was issued instead. The time-piece has not worked satisfactorily and is no longer working order now. Due to lack of a clock in the department, much difficulty is being felt. It is therefore, requested that wall clock may be installed in this department immediately.

   कुछ समय पूर्व इस विभाग की दीवार घड़ी व्यवस्थापक ने निकाली थी और उसके बदले एक मेज घड़ी दी थी। उस मेज घड़ी ने सन्तोषजनक कार्य नहीं किया और इस समय वह चल नहीं रही है। इस विभाग में दीवार घड़ी के अभाव में बड़ी असुविधा अनुभव की जा रही है। अतः अनुरोध किया जाता है एक दीवार घड़ी शीघ्र ही लगवा दी जाये।

4. It has been noticed that inspite of repeated instruction several class IV officials do not put on their full uniform while on duty in office. The class IV officials are once again instructed that during office hours they should invariable put on the uniform supplied

to them. Further, if any such officials is found without uniform, he will be sent back house and will be treated on leave without pay for that day.

देखा गया है कि बार-बार हिदायतें देने के बावजूद कई चतुर्थ श्रेणी कर्मचारी कार्यालय में ड्यूटी के समय पूरी वर्दी नहीं पहनते। सब चतुर्थ श्रेणी कर्मचारियों को एक बार फिर निर्देश दिया जाता है कि उन्हें जो वर्दी दी गयी है, उसे वे कार्यालय-समय में अवश्य पहनें। भविष्य में यदि कोई चतुर्थ श्रेणी कर्मचारी वर्दी पहने बिना पाया गया हो तो उसे घर वापस भेज दिया जायेगा और उस दिन उसे बिना वेतन की छुट्टी पर समझा जायेगा।

5. There are several rooms in this office which have not been provided with iron bars. Various articles of stationary, forms, important papers, files, etc. are kept in such rooms unprotected. There is always a risk of thief of articles from these rooms.

इस कार्यालय के पास ऐसे अनेक कमरे हैं जिनमें लोहे की छड़ें नहीं लगी हुई हैं। लेखन सामग्री की अनेक वस्तुएँ फार्म, महत्त्वपूर्ण कागज-पत्र मिसालें आदि उन कमरों में आरक्षित नहीं हैं। ऐसे कमरों से वस्तुओं की चोरी हो जाने की आशंका रहती है।

6. It has been observed that sanctions are obtained after incurring the expenditure, with the result that is influx of ex-post facto sanctions from your ministry. It is obtained before incurring the expenditure and ex-post facto sanctions issued only in unavoidable cases.

यह देखा गया है कि मंजूरियाँ व्यय करने के बाद प्राप्त की जाती हैं; जिसके फलस्वरूप आपके मन्त्रालय से कार्येतर मंजूरियाँ बड़ी संख्या में जारी की जा रही हैं। इसलिए अनुरोध है कि मंजूरियाँ व्यय करने से पहले ले ली जायें और कार्येत्तर मंजूरियाँ केवल अपरिहार्य मामलों में ही जारी की जायें।

7. It has been reported that Shri Rajesh Gupta is in the habit of absenting himself from duty frequently and that he generally comes to office late without obtaining prior sanction or even giving information. Such behaviour of Shri Rajesh Gupta is highly objectionable, irrugular and against the such practice otherwise suitable disciplinary action will be taken against him.

श्री राजेश गुप्ता को अकसर काम से गैरहाजिर हो जाने की आदत है और आमतौर पर वे पूर्व अनुमति लिये या सूचना दिये बिना कार्यालय में देर

से पहुँचते हैं। श्री राजेश गुप्ता का यह व्यवहार बहुत ही आपत्तिजनक, अनियमित तथा नियमों के विरुद्ध है। अतः उन्हें यह चेतावनी दी जाती है कि उन्हें ऐसी हरकतों से बाज आना चाहिए, अन्यथा उनके विरुद्ध यथोचित अनुशासनिक कार्यवाही की जायेगी।

8. The following officials of this office are due to retire from Govt. service from the dates shown against their names. They are in occupation of Government accommodation. Date of Estate are requested to finalise their account regarding house rent so that issuing of no demand certificates in their favour may not be unnecessarily delayed.

इस कार्यालय के निम्नलिखित कर्मचारी उनके नाम के सामने दी गयी तारीखों से सरकारी सेवा से निवृत्त होने वाले हैं। उनके पास सरकारी मकान है। सम्पदा अनुभाग से निर्देशन है कि उनके मकान किराये सम्बन्धी हिसाब को अन्तिम रूप से तैयार कर दें जिससे कि उनके 'बेबाकी पत्र' जारी करने में अनावश्यक देरी न हो।

9. Secondary evidence of the contents of the documents referred to in Section 65, clause (a), shall not be given unless the party in whose possession or power the document is, (or to his attorney or pleader) such notice to produce it as is prescribed by law, and if no notice is prescribed by law, then such notice as the court considers reasonable under the circumstances of the case.

(I.P.C. 66)

धारा 65, खण्ड (क) में निर्दिष्ट दस्तावेजों की अन्तर्वस्तु का द्वितीयक साक्ष्य तब तक न दिया जा सकेगा जब तक ऐसे द्वितीयक साक्ष्य देने की प्रस्थापना करने वाले पक्षकार ने उस पक्षकार को जिसके कब्जे में या शक्त्यधीन वह दस्तावेज है, (या उसके अटर्नी या प्लीडर के) उसे पेश करने के लिए ऐसी सूचना, जैसी कि विधि द्वारा विहित है, और यदि विधि द्वारा कोई सूचना विहित नहीं हो तो ऐसी सूचना जैसी न्यायालय मामले की परिस्थितियों के अधीन युक्तियुक्त समझता है, न दे दी हो।

10. In the first phase, emphasis was to be laid on the offices located in the Hindi-speaking areas and in the second phase, public sector undertakings in those areas were to be taken up. The third phase was to cover the Central Government offices located in

the non-Hindi-speaking areas and the fourth phase was to take into account public sector undertakings located in the non-Hindi-speaking areas. However, in regard to the inservice training in Hindi of the Central Government employees, equal emphasis was to be given in all the offices irrespective of their location.

पहले चरण में उन कार्यालयों पर जोर दिया जाना था जो हिन्दीभाषी क्षेत्रों में स्थित थे और दूसरे चरण में उन्हीं प्रदेशों के सरकारी क्षेत्र के उपक्रमों पर ध्यान दिया जाना था। तीसरे चरण में केन्द्रीय सरकार के अहिन्दी-भाषी क्षेत्रों में स्थित कार्यालयों के लिए कार्रवाई करनी थी और चौथे चरण में उन क्षेत्रों में स्थित उपक्रमों के लिए। लेकिन, केन्द्रीय सरकार के कर्मचारियों को हिन्दी में सेवाकालीन प्रशिक्षण देने के बारे में सभी कार्यालयों में समान बल दिया जाना है, चाहे वे किसी भी क्षेत्र में स्थित हों।

सूचनाएँ (द्विभाषी रूप में)

करदाताओं के लिए आय की विवरणी सब प्रकार से पूर्ण कर दाखिल करना आवश्यक है। इस सम्बन्ध में आपकी सहायता के लिए कुछ महत्त्वपूर्ण बातों की जाँच सूची नीचे दी गयी है। कृपया इस सूची की प्रत्येक मद को पढ़ें फिर इसे स्वयं तैयार की गयी आय की विवरणी से मिलाएँ और देखें कि क्या आपने निर्दिष्ट आवश्यकताओं को पूरा किया है।

It is necessary for a Tax-Payer to file the return of income complete in all respects. To assist you in this matter, a check list of some of the important items is given below. Please read each item of this list, refer to the return of income prepared by you and check whether you have complied with the indicated requirements.

यदि कोई खाते नहीं रखे गये हैं तो क्या आपने ऐसा विवरण संलग्न किया है जिसमें क्रय-विक्रय की रकम या यथास्थिति, सकल प्राप्तियाँ, सकल लाभ, कारोबार या व्यवसाय के व्यय और शुद्ध लाभ दिखाये गये हैं तथा किस आधार पर यह रकम, संगणित की गयी है और साथ ही जिसमें कुल प्रकीर्ण देनदारों, प्रकीर्ण लेनदारों की रकम और जिसमें पिछले वर्ष के अन्त तक माल स्टाक और नकद शेष भी दिखाया गया हो ?

If no accounts are maintained, have you attached a statement indicating the amount of turnover or as the case may be, gross receipt, gross profits, expenses and net profit of the business or profession and the basis on which such amounts have been computed, and also disclosing the amounts of total sundry debitors, sundry creditors, stock in trade and cash balance as at the end of the previous year ?

हिन्दी अवतरण

शिक्षा का अधिकार

एक संविधान संशोधन प्रस्ताव संसद के आगामी शरदकालीन सत्र में प्रस्तुत किये जाने की सम्भावना है, जिसमें अनुच्छेद-21-ए जोड़कर केन्द्र सरकार के लिए 6 से 14 वर्ष आयु वर्ग के बच्चों को केन्द्र सरकार के लिए निःशुल्क एवं अनिवार्य शिक्षा देना वैधानिक दायित्व होगा।

सामाजिक कार्यकर्ता, बच्चों के अधिकारों की माँग करने वाले, वकील, शिक्षाविद् और प्रबुद्ध लोगों ने सरकार पर इस बिल पर पुनर्विचार करने का दबाव डाला है।

दिल्ली बाल अधिकार मंच की सुश्री अंजलि सिन्हा का कहना है—यह बिल एक नीति निर्देशक सिद्धान्त, बालक के परम्परागत अधिकार तथा इस पर सर्वोच्च न्यायालय के निर्णय के विरुद्ध है। इस नये अनुच्छेद द्वारा छः वर्ष की आयु के नीचे के बच्चों के साथ भेदभाव नहीं किया जाना चाहिए। अनुच्छेद 21-ए द्वारा निःशुल्क एवं अनिवार्य शिक्षा को 14 वर्ष तक के सब बच्चों को मौलिक-अधिकार बनाया जाना चाहिए।

श्री अशोक अग्रवाल, जो एक सामाजिक न्यायविद् हैं, ने कहा—हम 21-ए अनुच्छेद को संविधान की तृतीय सूची में सम्मिलित करने के प्रस्ताव का विरोध नहीं कर रहे हैं।

अंग्रेजी अनुवाद

Right of Education

In the next winter session of the parliament, a Constitution Amendment Bill is likely to be presented: in which Article 21-A is to be inserted making it mandatory for the central government to provide free and compulsory education to the children in the age group of 6 and 14.

Social workers, child right activists, lawyers, educationist and intellectuals are pressing the government to review this bill.

Mr. Anajali Sinha of Delhi Bal Adhikar Manch says–This bill contravenes a directive principle, the convetion of the rights of the child and the supreme court ruling of this. This new Article should not be discriminative towards children below six years of age. Article 21-A should make free and compulsory education to the fundamental right for all children up to 14 years.

Mr. Ashok Agarwal a Social Jurist said. We are not opposing the introduction of Article 21-A in the third schedule of the constitution.

अंग्रेजी अवतरण

Besides honey, colour and scent of flowers attract many ants and insects. That insects like light can be easily inferred as soon as we light a fire. Attracted by light, hosts of insects rush into the flame and get burnt. Insects are attracted also by the beauty of flowers. Flowers that bloom in the morning have many colours in their petals. Those that bloom in the evening are generally white. At night, no other colours excepts white is easily discernible. Those insects that move about at night are attracted by the white colour. The scent of flowers travels far in the evening and at night. The Rajanigandha blooms only in the evening, its colour is white and it has a sweet scent. Many insects gather honey from it. One day, an ant said to a bee, 'Your food is the sweetst in the world but I am delighted even to get whatever you throw away as not being sweet.' The bee said, 'I gather honey for others, whereas you gather food for youself alone.'

हिन्दी अनुवाद

शहद के अतिरिक्त, फूलों के रंग और सुगन्ध बहुत-सी चींटियों और कीड़ों को आकर्षित करते हैं। वे कीड़े, जो प्रकाश को पसन्द करते हैं, हमारे द्वारा प्रकाश करते ही (आग ज़लाते ही) अनुमान (महसूस) कर लेते हैं। वे प्रकाश से आकर्षित होते हैं, सैकड़ों कीड़े ज्वाला या लौ पर टूट पड़ते हैं और जल जाते हैं। कीड़े फूलों की सुन्दरता के प्रति भी आकर्षित होते हैं। जो फूल सुबह खिलते हैं उनकी पंखुड़ियाँ रंग-बिरंगी होती हैं। जो (फूल) सन्ध्या समय खिलते हैं प्रायः सफेद होते हैं। रात में, सफेद रंग को छोड़कर अन्य रंग आसानी से नहीं पहचाने जाते हैं। जो कीड़े रात में घूमते हैं वे सफेद रंग के प्रति आकर्षित होते हैं। फूलों की सुगन्ध सन्ध्या और रात्रि में दूर तक फैल जाती है। रजनीगन्धा केवल सन्ध्या में खिलती है, इसका रंग सफेद और इसकी सुगन्ध मधुर होती है। बहुत से कीड़े उससे शहद एकत्र करते हैं। एक दिन, एक चींटी ने मधुमक्खी से कहा,

"तुम्हारा भोजन संसार में सबसे मीठा है परन्तु मैं तो केवल तुम जो भी मीठा नहीं है, उसको फेंकती हो उसी को पाकर आनंदित होती हूँ।" मधुमक्खी ने कहा—"मैं शहद दूसरों के लिए इकट्ठा करती हूँ। जबकि तुम केवल अपने लिए भोजन-संग्रह करती हो।"

अंग्रेजी अवतरण

India's trade, internal and external, was not large, principally because of the inadequacy of communication and transportation. Internal trade was restricted to comparatively light and valuable products. There was little trade in bulky and cheap goods, largely on account of the high cost of transporation of these goods, Trade was also less because of the restrictions on the types of goods traded, as also on the distance covered. As far as the external trade is concerned, this too was not much because of the weak internal communication system and shortage of transport facilities. Even then Indian goods found market in far-flung places in the world. Most of the goods exported were industrial in character. These were cotton and silk fabrics, shawls and carpets, sugar, etc. Imports were of small variety and consisted of such items as gold, precious stones, tea and coffee, etc. In its external trade India enjoyed surpluses and received gold and silver in ample quantities as payment for the same.

हिन्दी अनुवाद

भारत का आन्तरिक एवं विदेश व्यापार विशाल नहीं था। इसका मुख्य कारण संचार एवं यातायात के अपर्याप्त साधन थे। आन्तरिक व्यापार अपेक्षाकृत हल्की एवं मूल्यवान वस्तुओं तक सीमित था। भारी और सस्ती चीज़ों का बहुत कम व्यापार होता था, क्योंकि इनके यातायात पर भारी खर्च था। कुछ वस्तुओं का व्यापार प्रतिबन्धित था तो कुछ दूरी के कारण भी बेची नहीं जाती थीं। जहाँ तक विदेश व्यापार का सम्बन्ध है यह भी अधिक नहीं था, क्योंकि आन्तरिक संचार साधन दुर्बल थे और यातायात साधनों की कमी थी। फिर भी भारतीय माल को संसार के दूरस्थ स्थानों में बाज़ार मिला। निर्यात किया जाने वाला प्रमुख रूप से औद्योगिक उत्पादन था। इसमें थे सूती तथा रेशमी वस्त्र, शालें, गलीचे, शक्कर आदि। सोना, मूल्यवान पत्थर, चाय और कॉफी आदि कुछ ही चीज़ें आयात की जाती थीं। विदेश व्यापार में भारत समृद्ध था और इससे (निर्यात) उसको पर्याप्त सोना और चाँदी भुगतान के रूप में मिलता था।

अभ्यास के लिए–हिन्दी से अंग्रेज़ी में अनुवाद कीजिए

1. हमारे समाज एवं देश में पानी की कमी इसलिए हो रही है कि बरसात के मौसम में जल का संचयन नहीं हो पाता। इसके अतिरिक्त मानसून की अनिश्चितता के कारण वर्षा जल की एक-एक बूँद को रोककर भू-जल स्रोतों का पुनर्भरण जरूरी हो गया है। वर्षा का जल यदि स्वच्छ जगह पर गिरता है तो वहीं पर उसका संरक्षण करना वर्षा-जल-संग्रह कहलाता है।

भारत में प्राकृतिक स्रोतों के माध्यम से प्रत्येक वर्ष 4000 अरब घनमीटर पानी प्राप्त होता है तथा 70 अरब घनमीटर जल बहकर समुद्र में चला जाता है। 700 अरब घनमीटर पृथ्वी सोख लेती है, 1500 अरब घनमीटर बह करके समुद्र में गिर जाता है। निष्कर्षतः लगभग 300 अरब घनमीटर जल का संरक्षण ही महत्त्वपूर्ण है। निरर्थक पानी के बहाव को रोकना चाहिए। कम-से-कम 1500 अरब घनमीटर पानी का संचयन और उपयोग किया जाना अति आवश्यक है। वर्षा और बाढ़ के माध्यम से पानी को जब एकत्र किया जाता है तो उसे रेन वाटर हार्वेस्टिंग कहते हैं।

2. जल-संग्रह क्षेत्र प्रबन्धन–बरसात में वर्षा-जल की धारा जब परस्पर जुड़ी हुई अनेक छोटी-छोटी नदियों के माध्यम से एकत्र होकर एक स्थान से बहता है तो वह जल ग्रहण क्षेत्र कहलाता है। प्राकृतिक रूप से जितने भी भौगोलिक भू-भाग हैं जल ग्रहण से संरक्षित होते हैं। लेकिन कोई भी क्षेत्र एक ही श्रेणी के दो जल ग्रहण क्षेत्रों में नहीं आता है।

जल-संग्रह प्रबन्धन का उद्देश्य–जल-संग्रह प्रबन्धन का उद्देश्य कृषक वर्ग से लेकर सभी मानव प्राणियों को सुखमय बनाना है। जल प्रबन्धन से बाढ़ की रोकथाम होती है। तटीय क्षेत्र पर खुलनेवाली नदियों से कचरे और रेत, बालू इत्यादि का बहाव कम किया जाय जिससे प्राकृतिक बनावट सुरक्षित रह सके। पहाड़ों पर जल बहाव तेजी से होता है जिससे मिट्टी कटकर बह जाती है और बाढ़ की मात्रा में वृद्धि होती है। ऐसी स्थिति में जल-संग्रह प्रबन्धन का उद्देश्य बाँध बनाना है। इसके अतिरिक्त तात्कालिक एवं दीर्घकालिक आवश्यकताओं की पूर्ति हेतु संसाधनों के विकास की रणनीति बनाकर समन्वित विकास करना है।

3. विकास की योजनाओं के कारण विस्थापितों का पुनर्वास–हमारे वर्तमान समाज में प्राकृतिक प्रकोप सर्वाधिक हैं। प्राकृतिक प्रकोप का कारण प्रकृति के प्रति अन्याय है। फलस्वरूप ज्वालामुखी, भूस्खलन, भूकम्प, चक्रवात, सुनामी,

बाढ़, सूखा, तूफान इत्यादि का भयंकर रूप से सामना करना पड़ता है। इन्हें हम प्राकृतिक और भौगोलिक प्रकोप भी कहते हैं। इन प्राकृतिक प्रकोपों से बचने के लिए जब लोग अपने मूल निवास को छोड़ देते हैं तब ऐसे लोगों को एक स्थान से विस्थापित होने के पश्चात् दूसरे स्थान पर बसाया जाता है, इसी को पुनर्वास कहते हैं।

4. जहाँ वैश्विक जैव विविधता का विस्तार सम्पूर्ण विश्व पर है, वहाँ राष्ट्रीय जैव विविधता एक राष्ट्र की सीमाओं तक सीमित है। एक ही जैव विविधता वाले प्रदेश में सम्मिलित राष्ट्रों की जैव विविधता में प्रादेशिक विविधता के कारण अन्तर होना स्वाभाविक है। अध्ययन-क्षेत्र जितना अधिक होता जायेगा स्थानीय विभिन्नताओं का प्रभाव बढ़ता जायगा।

उदाहरणार्थ–इथियोपिया एवं युगाण्डा दोनों ही राष्ट्र इथियोपियन प्राणी भौगोलिक प्रदेश में शामिल हैं लेकिन प्रादेशिक भिन्नता के कारण दोनों की जैव विविधता में अन्तर है। इसी प्रकार भारत, चीन एवं वियतनाम मानसूनी एशिया में सम्मिलित हैं, लेकिन जैव विविधता में अन्तर है।

5. राष्ट्रीय स्तर पर पायी जाने वाली जैव-विविधता में भी स्थानीय स्तर पर पारिस्थितिक दशाओं में अन्तर होने के कारण विभिन्नता मिलती है। किसी भी स्थान पर पाये जाने वाले जीवों (प्राणी एवं वनस्पति) की जातियों की संख्या एवं विविधता को स्थानीय जैव विविधता कहते हैं। उच्च तापमान, वर्षा, समुद्र से निकटता, मृदा संरचना, जलराशियाँ व मानवीय क्रियाकलाप स्थानीय जैव विविधता को प्रभावित करते हैं। भारत की मुख्यतः मानसूनी जलवायु है, लेकिन स्थानीय विविधता के कारण हिमालय, थार मरुस्थल, गंगा मैदान, प्रायद्वीपीय पठार व तटवर्ती मैदानों की जैव विविधता में भिन्नता पायी जाती है। भौगोलिक दशाओं में स्थानीय भिन्नता के कारण राजस्थान, मध्य प्रदेश या उत्तर प्रदेश आदि प्रान्तों में भी स्थानीय स्तर पर जैव विविधता में अन्तर है।

उदाहरणार्थ–राजस्थान में अरावली पर्वतीय प्रदेश, हाड़ोती पठार तथा थार मरुस्थल की जैव विविधता में अत्यधिक अन्तर पाया जाता है।

6. हम जानते हैं कि अपने देश में विभिन्न प्रकार के पेड़-पौधों और जीव-जन्तुओं की अधिकता है। अपने भारत देश का सम्पूर्ण भौगोलिक क्षेत्र 329 करोड़ हेक्टेयर में फैला है, लेकिन प्राकृतिक प्रतिकूलता तथा अनुकूलता की वजह से विविध प्रजातियाँ पायी जाती हैं। यह विविधता विभिन्न भौगोलिक तथा प्राकृतिक परिस्थितियों से उत्पन्न होती है।

उदाहरणार्थ–आर्द्र उष्णकटिबन्धीय पश्चिमी घाट से राजस्थान के मरुस्थल,

लद्दाख के आर्द्र मरुस्थल एवं हिमालय के बर्फीले पर्वतों से पेनिन सलर भारत के गर्म समुद्री किनारों तक दृष्टिगोचर होता है।

भारत में लगभग 115000 पौधों एवं जीव-जन्तुओं की पहचान की जा चुकी है और बहुत-से ऐसे जीव-जन्तु तथा नयी प्रजातियाँ हैं, जो पहचानी नहीं जा सकी हैं, उन पर खोज जारी है। सर्वे रिपोर्ट के अनुसार हमारा देश विश्व के उन 12 देशों में शामिल है जिसमें पेड़-पौधों तथा जीव-जन्तुओं में जैव विविधता मिलती है।

अंग्रेज़ी से हिन्दी में अनुवाद कीजिए

1. The Forest Department has a major stake in the resources of forests and wildlife because it is a good source of revenue for the Government–Most of the forest revenue comes from the sale of cut down forest trees for timber (which is wood used in buildings and furniture). In order to plant trees for timber such as pine, teak, and eucalyptus, etc., huge areas of forests are cleared of all vegetation. This destryos a large amount of biodiversity in the area which harms the environment. The management of protected forest areas by keeping the local people out completely has some ill effects too. This will become clear from the following example. The great Himalayan National Park is a protected forest area which contains alpine meadows that were earlier grazed by outside sheep in summer. So, nomadic shepherds (having no permanent home) drove their flock of sheep up from the valley to this area every summer. After the formation of Himalayan National Park, the grazing by sheep was not allowed. This has a harmful effect on the growth of vegetation because, without regular grazing by sheep, the grass first grows very tall and then falls over, preventing fresh growth from below. The developmental projects like building roads through the forest area and construction of dams are also damaging the forests. Even the large inflow of tourists to the forests for observing wildlife, building rest-houses for tourists within the forest and dumping of waste materials (like plastic bottles, etc.) by the tourists in the forest, are damaging the forest environment.

2. The *Chipko Andolan* originated from an incident in a remote village called 'Reni' in Garhwal, high up in the Himalayas in the early 1970s. A logging contractor had been allowed to cut down trees in a forest close to a village. The people of the village did not want this

forest to be cut down because it would have spoiled their healthy environment. One day, when the men folk of the village were out for work, the contractor's workers came in the forest to cut down the trees. In the absence of men, the women of the village reached the forest quickly and clasped the tree trunks with their arms, preventing the workers from cutting down the trees. The forest trees were thus saved. The *Chipko* Movement quickly spread across all the communities and helped in the conservation of forests.

3. People's participation in the management of forests can help in increasing forest produce as well as in their conservation. An example of how local people's participation in the management of forests led to the revival of degraded forests is like this : In 1972, the West Bengal Forest Department formulated a novel scheme to revive the degraded sal forests by involving the local people. A beginning was made in the Arabari forest range of Midnapore district. A far-sighted forest officer A.K. Banerjee involved the villagers of the area around the forest in the protection of 1272 hectares of badly degraded sal forest. In return for help in protecting the forest, the villagers were given employment in both silviculture and harvesting operations of the forest, 25 percent of the fnal harvest produce, and were allowed to collect firewood and fodder from the forest area on a nominal payment. **With the active and willing participation of local people living around the forest, the degraded sal forest of Arabari became thick and green within ten years.** This is how participation of local people can lead to efficient management of forests.

4. The large scale poaching (killing) of wild animals residing in the forests by man is a serious threat to the survival of many animal and bird species. This also disturbs the food chains in which these animals occur resulting in undesirable consequences for the whole ecosystem. This point will become more clear from the following example. Snake is a wild animal. The skin of snakes is in great demand for making fancy leather goods, so the snake skin sells at a high price in the market. Now, to make some easy money, some people kill the snakes indiscriminately in large numbers to obtain their skin. This **large scale killing of snakes disrupts the food chains in which snakes occur and creates an imbalance**

in nature. For example, snake is a friend of the farmer in the sense that it eats vermins like rats and mice which are pests and damage the crops. Now, when the snakes are killed in large numbers to obtain their skin, the population of snakes is reduced greatly. Now, due to the lesser number of 'predator' snakes, the population of pests like rats and mice in crop-fields increases. The increased number of rats and mice in the fields damages the standing crops leading to loss in the production of food-grains.

5. **Water is the basic necessity for all forms of life, human beings, other animals as well as plants.** Some parts of our country have good resources of water whereas other parts suffer from chronic water shortage. **The regions having good availability of water are flourishing because they have good crops but the regions having shortage of water are in the thick of poverty because of poor crop growth.** It is, therefore, necessary to have proper management of available water resources so that there is an equitable distribution of water for all the people in all the parts of the country. **The various sources of water which are available to us are : Rains, Rivers, Lakes Ponds, Wells, Oceans and Glaciers (Snow mountains).**

6. **Rain is a very important source of water.** Rains in India are largely due to monsoon which lasts for a few months. This means that most of the rainwater falls on the earth in a few months of the year. This rainwater fills the lakes and ponds, and also flows into rivers. Some rainwater also seeps into the ground and becomes available as ground water (or rather underground water). Though most of the parts of our country get a good rainfall during monsoon but due to the loss of vegetation cover, much water does not seep into the ground, it rather flows into rivers. Rainwater is stored in lakes for use over a long period of time. There are some natural lakes in our country. Some artificial lakes have also been made at various places to store rainwater to meet the increasing demand for water.

❑❑

पारिभाषिक शब्दावली

1.	परिशुद्ध	Absolute
2.	अवशोषण	Absorb
3.	सार	Abstract
4.	त्वरण	Acceleration
5.	अप्रत्याशित, आकस्मिक	Accidental
6.	संचित	Accumulate
7.	मूल्यानुसार	Ad valorem
8.	वायुगतिकी	Aerodynamics
9.	वनरोपण, वनीकरण	Afforestation
10.	विलोडन	Agitation
11.	अनुबन्ध पत्र	Agreement bond
12.	वायुशीतक	Air cooler
13.	क्षारीय	Alkaline
14.	मिश्र धातु	Alloy
15.	जलोढ़	Alluvial
16.	प्रत्यावर्ती धारा	Alternating current
17.	धारामापी	Ammeter
18.	अनुरूप	Analogous
19.	द्विअंकी	Binary
20.	जैवरासायनिक	Biochemical
21.	जैववैविध्यता	Biodiversity
22.	जैवमण्डल	Biosphere
23.	समद्विभाग	Bisect

24.	रिसना, स्राव	Bleed
25.	उपमार्ग	Bypass
26.	अंशांकन	Calibration
27.	धारिता	Capacitance
28.	संधारित्र	Capacitor
29.	उत्प्रेरक	Catalyst
30.	अपकेंद्री	Centrifugal
31.	उपकार	Cess
32.	आवेशन	Charging
33.	कणिका	Chip
34.	परिपथ	Circuit
35.	सुसंगत	Compatibility
36.	चालकता	Conductivity
37.	सम्बन्धन, संयोजन	Connect
38.	संघटक	Constitiuent
39.	संदूषण	Contamination
40.	उत्तल	Convex
41.	मानदण्ड	Criteria
42.	चक्रवात	Cyclone
43.	दशमलव	Decimal
44.	विलेख	Deed
45.	चूक, बकाया	Default
46.	विक्षेप	Defiection
47.	निर्जलीकरण	Dehydration
48.	संसूचक	Detector
49.	अवमूल्यन	Devalution
50.	साधन	Device
51.	आरेख	Diagram
52.	विसरण	Diffision
53.	अंकीय	Digital
54.	विमा	Dimensions

55. चक्रिका — Disc
56. दावा त्याग — Disclaimer
57. विस्थापना — Displacement
58. गतिक — Dynamic
59. भू-सम्पर्क तार — Earth wire
60. भूकम्प तीव्रता — Earthquake intensity
61. दक्षता — Efficiency
62. विध्युत लेपन — Electro planting
63. सशक्तिकरण — Empowerment
64. पर्यावरण — Environment
65. द्रुतगामी — Fast track
66. आकड़े — Figures
67. तन्तु — Filament
68. दरार — Fissure
69. अनुक्रम आरेख — Flow chart
70. जस्तीकरण — Galvanistion
71. वर्गांकित कागज — Graph Paper
72. गुरुत्व — Gravity
73. आद्रता — Humidty
74. जलविज्ञान — Hydrology
75. कीटनाशक — Insecticide
76. संस्थापन — Installation
77. परतवैधत — Returning
78. चुम्बक — Magnet
79. श्रमघण्टे — Man hours
80. प्रबन्धन — Management
81. मान — Map
82. झिल्ली — Membrane
83. धातु — Metal
84. खनिज — Mineral
85. आशोधन — Modification

86.	नमी	Moisture
87.	अणु	Molecule
88.	संवेग	Momentum
89.	गारा	Mud
90.	दिशासूचन	Navigation
91.	नाभिकीय	Nuclear
92.	खुली पहुँच	Open access
93.	अयस्क	Ore
94.	एकस्व	Patent
95.	आवर्ती	Periodic
96.	प्रकाशसंश्लेषण	Photosynthesis
97.	स्फटिक	Quartz
98.	अनुपात	Ration
99.	अनंतिम	Entative
100.	तापमामी	Thermomerter